Landkreis Verden – ganz persönlich

# LANDKREIS VERDEN
*ganz persönlich*

Landkreis Verden
in Zusammenarbeit mit der
neomediaVerlag GmbH

# Impressum

**Herausgeber**
neomediaVerlag GmbH
In der Bredenau 24
28870 Fischerhude
Tel. 04293 68437-0
info@neomedia.de
www.neomedia.de

In Zusammenarbeit mit:
Landkreis Verden
Lindhooper Straße 67
27283 Verden (Aller)
Tel. 04231 15-0
kreishaus@landkreis-verden.de
www.landkreis-verden.de

**Idee und Konzeption**
Rainer Wendorff

**Redaktion/Lektorat/Texte**
Landkreis Verden
Maren Wülpern/Sonja Butz-Georg

neomediaVerlag GmbH,
Günter Poggemann

Annette Freudling

**Grafik/Layout**
Kerstin Katemann

**Projektakquise**
Annette Rebers

**Bildnachweis**
Arne von Brill: Seiten 10, 12, 16, 17, 18, 21, 24, 25, 28, 31, 32, 34, 38, 39, 41, 42, 43, 44, 45, 46, 49, 50 rechts unten, 52, 53, 54, 56, 57, 58, 59, 63, 66, 72, 74, 75, 77, 78, 79, 80, 81 oben, 84, 85, 86, 88, 90, 91, 97, 98, 103, 106 rechts, 108, 111
Gabriele Tinscher: Seiten 47, 50 oben und links unten, 69, 70, 81 unten, 87, 102, 105, 106 links
Deutsches Pferdemuseum: Seite 96
DFB/Getty Images: Seite 68
Domherrenhaus: Seite 29
Annette Freudling: Seite 14
Jürgen Hold: Seiten 15, 65
Sonja Inselmann: Seite 48
Florian Manz: Seite 20
Jana Oehlerking: Seite 73
Ingo Schmidt: Seite 109
Elisabeth Solte: Seite 62
Jacques Toffi: Seite 100
Stephan Zwickirsch: Seite 104

Porträt- und Firmenfotos stammen, soweit nicht anders vermerkt, von den jeweiligen Personen und Unternehmen.

Aus Gründen der besseren Lesbarkeit wird teilweise auf die gleichzeitige Verwendung männlicher und weiblicher Sprachformen verzichtet. Sämtliche Personenbezeichnungen gelten gleichermaßen für alle Geschlechter.

Printed in Germany 2020

Das Manuskript ist Eigentum des Verlages. Alle Rechte vorbehalten.

Dem Buch liegen neben den Beiträgen der Autoren Darstellungen und Bilder der Firmen und Einrichtungen zugrunde, die mit ihrer finanziellen Beteiligung das Erscheinen des Buches ermöglicht haben.

**Druck**
BerlinDruck GmbH + Co KG
28832 Achim

Bibliographische Information der Deutschen Bibliothek

Die Deutsche Bibliothek verzeichnet diese Publikation in der Deutschen Nationalbibliographie; detaillierte Daten sind im Internet über http://dnb.dbb.de abrufbar.

ISBN 978-3-931334-84-0

---

Das Landkreisbuch „Landkreis Verden – ganz persönlich" wird herausgegeben in einer Buchreihe der neomediaVerlag GmbH, in der bisher folgende Bücher erschienen sind:

- Der Landkreis Ravensburg – ganz persönlich
- Der Ostalbkreis – ganz persönlich
- Das Coburger Land – ganz persönlich
- Landkreis Lörrach – ganz persönlich
- Landkreis Breisgau-Hochschwarzwald – AugenBLICKE
- Kursbuch Zukunft – Landkreis Ravensburg
- Der Ortenaukreis – ganz persönlich
- Der Landkreis Schwäbisch Hall – ganz persönlich
- Landkreis Heidenheim – ganz persönlich
- Bottrop – meine Stadt
- Rhein-Pfalz-Kreis – rein persönlich
- Landkreis Göppingen – Überraschend.Persönlich.
- 200 Jahre – Landkreis Merzig-Wadern – ganz persönlich
- Rheingau-Taunus-Kreis – ganz persönlich
- Landkreis Aichach-Friedberg – ganz persönlich
- Landkreis Oberallgäu – ganz persönlich
- Hagen – ganz persönlich
- Der Landkreis Marburg-Biedenkopf – ganz persönlich
- Kreis Plön – ganz persönlich
- Der Landkreis Gifhorn – ganz persönlich
- Landkreis Vechta – Starke Argumente.Starke Persönlichkeiten.
- Landkreis Friesland – Faszination.Sehnsucht.Heimat
- Die Stadt Oldenburg – ganz persönlich
- Landkreis Breisgau-Hochschwarzwald – Weggefährten
- Landkreis Dillingen an der Donau – ganz persönlich
- Landkreis Calw – ganz persönlich
- Kreis Coesfeld – ganz persönlich
- Landkreis Diepholz – ganz persönlich verbunden
- Landkreis Tübingen – ganz persönlich
- Kreis Ostholstein – ganz persönlich

# Inhalt

| | | | | |
|---|---|---|---|---|
| 8 | Ein vielfältiger Landkreis, der sich als Einheit versteht<br>Landrat Peter Bohlmann | | 26 | Über 150 Jahre Tradition und Innovation<br>Dittmers GmbH |
| 10 | Nach den Wanderjahren zurück in Fischerhude<br>Katharina Bertzbach | | 28 | Eine Stadt, in der Geschichte lebendig ist<br>Dr. Björn Emigholz |
| 13 | Bindeglied zwischen Arbeitnehmer und Arbeitgeber<br>AfA Agentur für Arbeitsvermittlung GmbH | | 30 | Entschlossen zurück nach Verden<br>Anita Freitag-Meyer |
| 14 | Wir müssen alle umdenken<br>Manfred Cordes | | 32 | Es ist mir eine reine Freude<br>Jörk Hehmsoth |
| 16 | Eine Region mit vielen Lieblingsorten<br>Belinda di Keck | | 34 | Eine gute Idee für die Zukunft der Mobilität<br>AllerBus/AllerRad/AllerCar |
| 20 | Die eigenen Wurzeln sind mir wichtig<br>Jörn Ehlers | | 35 | Printprodukte auf Weltreise<br>BerlinDruck GmbH + Co KG |
| 22 | Das Durstlöschen zur Aufgabe gemacht<br>Getränke Ahlers GmbH | | 36 | Einkaufen erleben im größten Shopping-Center des Nordens<br>dodenhof Posthausen KG |
| 24 | Nah am Patienten<br>Aller-Weser-Klinik gGmbH | | 38 | Kein Aufwand zu hoch für Focke-Nachwuchs<br>Focke & Co. |

INHALT

| | | | |
|---|---|---|---|
| 40 | Dem WSV Verden bleibe ich treu<br>Kyra Klaft | 58 | Partner für jeden Lebensmoment<br>Kreissparkasse Verden |
| 42 | Für Cato – und gegen das Vergessen<br>Dr. Stefan Krolle | 60 | In allen Disziplinen des Bauens zu Hause<br>Matthäi Bauunternehmen GmbH & Co. KG |
| 46 | Ein lebenswerter, zukunftsfähiger Landkreis<br>Günter Lühning | 62 | Magisch angezogen von der Weite der Wiesenlandschaft<br>Antje Modersohn |
| 48 | Inspiriert durch den Dom zu Verden<br>Petra Mattfeldt | 65 | Von Olympiasiegern und Freizeitpartnern<br>Hannoveraner Verband e. V. |
| 51 | Immer unter Spannung<br>BLOCK Transformatoren-Elektronik GmbH | 66 | Den Pflegekindern beim Fliegen zusehen<br>Petra Müller |
| 52 | Ein idealer Ort für Pferd und Reiter<br>Meredith Michaels-Beerbaum | 68 | Elf dafür, elf dagegen. Ich entscheide!<br>Harm Osmers |
| 55 | Schuhmaschinen für die ganze Welt<br>DESMA Schuhmaschinen GmbH | 71 | Qualität für den besten Freund des Menschen<br>Günter Badenhop Fleischwerke KG |
| 56 | Die gesamte Wertschöpfungskette im Blick<br>Hydro Extrusion Deutschland GmbH | | |

# LANDKREIS VERDEN
*ganz persönlich*

72 Engagiert für ein Kleinod bäuerlicher Kultur
Werner Osthoff

76 Wanderjahre durch Europas Sterneküchen
Wolfgang Pade

82 Ein Paar, zwei Kunstformen und ganz viel Dom
Henning und Dörte Pertiet

86 Durch und durch ein Achimer Marschenkind
Annameta Rippich

89 Lebensmittelspezialitäten frei Haus seit 88 Jahren
Versandhaus Jungborn GmbH

90 Präzise Hochleistung im Millimeterbereich
PS Laser GmbH & Co. KG

92 Gebackene Qualität seit Generationen
Verdener Keks- und Waffelfabrik Hans Freitag GmbH & Co. KG

94 Vom lokalen Gerätebauer zum globalen Maschinenbauspezialisten
VEMAG Maschinenbau GmbH

96 Pferdisches Verden
Ina Rohlfing

99 Sammlung & Recycling
Wertstoffbetrieb Bernd Löbl e. K.

100 Von Pflicht, Passion und Idealismus
Dr. Thomas Röpke

103 Filteranlagen nach Maß
POLO Filter-Technik Bremen GmbH

104 Eine Liebe auf den ersten Ton
Nabil Shehata

107 Voller Energie für den Landkreis
Stadtwerke Achim AG

108 Mit offenen Augen durch die Welt
Toby Wichmann

112 Übersicht der PR-Bildbeiträge

*Peter Bohlmann*

# Ein vielfältiger Landkreis, der sich als Einheit versteht

*Peter Bohlmann* geb. 1972 in Coesfeld, lebt seit seinem zwölften Lebensjahr im Landkreis Verden, von 1993 bis 2008 in Verden/Hönisch, danach in Langwedel-Cluvenhagen | 1988 Realschulabschluss an der Realschule Verden | 1988 bis 1991 Ausbildung zum Zentralheizungs- und Lüftungsbauer in Verden, 1991 bis 1995 Gesellenjahre im erlernten Beruf | 1995 bis 1998 Studium der Volkswirtschaftslehre in Hamburg, Abschluss als Dipl. Volkswirt) | 1998 bis 2001 Studium der Ökonomie in Bremen, Abschluss als Dipl. Ökonom) | 2001 bis 2005 angestellter Wirtschafts- und Organisationsberater in einem Bremer Softwareentwicklungsunternehmen | seit 2005 Landrat des Landkreises Verden

**Liebe Leserinnen und Leser,**

mit diesem Buch lade ich Sie ein, im Landkreis Verden lebende und arbeitende Menschen, ihre Sicht auf ihre Heimat und ihre Zuneigung zu unserem Landkreis kennenzulernen und zu entdecken.

Der damalige Bundespräsident Johannes Rau drückte seine Sympathie für die Landkreise einmal so aus: „Wenn es Landkreise nicht gäbe, müsste man sie erfinden! Nur wenige Schöpfungen der Verwaltungskunst haben sich so glänzend bewährt."

Treffend und schön kommt für mich in diesen Worten zum Ausdruck, dass Landkreise über die Verwaltungsebene hinausgehend selbstverwaltete Gemeindeverbände auf einem wirtschaftlich, sozial und landschaftlich gewachsenen Gebiet mit einer eigenen Geschichte sind. Ohne diese Grundlagen würde es wahrscheinlich keine Identität, kein Zugehörigkeitsgefühl und vielleicht auch keine gemeinsamen Werte geben.

Geschichtlich gab das von Ferdia (Furt oder Fähre) abgeleitete „Verden" nicht nur der heutigen Kreisstadt Verden (Aller) und dem Landkreis, sondern schon im 9. Jahrhundert einem Bistum und – bis 1823 – einem Herzog- bzw. Fürstentum seinen Namen. Als Ergebnis der preußischen Verwaltungsreform von 1885 entstand aus der Stadt Verden und ihren Umlandgemeinden der Landkreis Verden. 1932 wurden die Landkreise Achim und Verden vereint, wodurch der Landkreis sich bis an die Grenze zu Bremen erstreckte. Mit dem Anschluss der ehemals zum Landkreis Braunschweig gehörenden Samtgemeinde Thedinghausen an den Landkreis Verden im Jahr 1972 sowie der zuvor erfolgten Eingemeindung von Hülsen und Oiste aus ehemaligen Nachbarkreisen erhielt der Landkreis seinen heutigen Gebietszuschnitt.

Heute bilden die Städte Achim und Verden gemeinsam mit den Gemeinden Dörverden, Kirchlinteln, Langwedel, Ottersberg, Oyten und der Samtgemeinde Thedinghausen den

137.000 Einwohnerinnen und Einwohner umfassenden Landkreis Verden.

Trotz seiner für Landkreise vergleichsweise kleinen Fläche von 789 qkm zeichnet sich die stark von den Flüssen Weser, Aller und Wümme geprägte Landschaft des Landkreises Verden durch eine beeindruckende Vielfalt aus. Mit den Mooren im Nordosten, der schon zur Heide übergehenden waldreichen Geest im Südosten und den Marschen entlang von Weser und Aller sind fast alle wesentlichen niedersächsischen Landschaftstypen vertreten. In weiten Teilen hat der Landkreis Verden den zusammen rund 90 Kilometer langen Flussläufen auch seinen Wohlstand und seine wirtschaftliche Attraktivität zu verdanken. Sie sicherten gute Böden mit hohen landwirtschaftlichen Erträgen und waren die Verkehrswege, die schon früh den Warenaustausch und die Ansiedlung von produzierendem Gewerbe begünstigten. Durch die in der zweiten Hälfte des 19. Jahrhunderts fertiggestellten Eisenbahnstrecken Bremen-Hamburg und Bremen-Hannover sowie durch die den Landkreis Verden durchziehenden Autobahnen A 27 und A 1 nahm die Dynamik der wirtschaftlichen Entwicklung der Region bis heute beständig zu. So stieg allein in den letzten zehn Jahren die Zahl der sozialversicherungspflichtig Beschäftigten im Landkreis Verden um 8.000 auf 48.260 im Jahr 2020.

Kennzeichnend für die Wirtschaft des Landkreises ist ihre durch den Mittelstand geprägte Struktur, die fast alle Branchen – von der Ernährungswirtschaft über den Maschinenbau, das Handwerk und die Dienstleistungen bis zur Logistik – durchzieht. Das stellen gerade die Unternehmerinnen und Unternehmer unter Beweis, die sich und ihre Betriebe in diesem Buch vorstellen. Authentisch und engagiert zeigen sie gemeinsam mit weiteren Persönlichkeiten des öffentlichen Lebens, aus Handwerk, Kunst und Kultur, aus Heimatgeschichte und Sport, dass es die Menschen sind, die ein Gemeinwesen erst lebenswert machen. An unserem Landkreis Verden, dessen Fortentwicklung ich seit 2005 auch beruflich mitgestalten darf, fasziniert mich besonders, dass hier Weltoffenheit und Bodenständigkeit, Tradition und Perspektive immer im Einklang waren und sind. Ein Landkreis, der sich trotz seiner Vielfalt immer als Einheit verstanden hat, ist ein Erfolgsrezept, das wir fortsetzen werden. Es freut mich sehr, dass dieses Buch einen weiteren Beitrag dazu leisten wird.

Ihnen wünsche ich beim Lesen viel Vergnügen!

> **AN UNSEREM LANDKREIS VERDEN FASZINIERT MICH BESONDERS, DASS HIER WELTOFFENHEIT UND BODENSTÄNDIGKEIT, TRADITION UND PERSPEKTIVE IMMER IM EINKLANG WAREN UND SIND.**

Peter Bohlmann
Landrat

Heimathaus Irmintraut mit Kornspeicher in Fischerhude

*Katharina Bertzbach*

# Nach den Wanderjahren zurück in Fischerhude

**Mein Handwerk habe ich auf der ganzen Welt verfeinert.
Meine Basis war dabei stets Fischerhude. Heute zeige ich hier,
wie wunderbar vielfältig Keramik ist.**

Mein Zuhause war schon immer Fischerhude – der bekannte, malerische Künstlerort an der Wümme mit seinen vielen kleinen Handwerksbetrieben. Während der Schulzeit interessierte ich mich dafür, Dinge mit den Händen selbst herzustellen. Als ich zehn Jahre alt war, lernte ich bei einer Meisterin des Webhandwerks das Spinnen und Weben. Ich war so begeistert, dass ich mir mit 14 Jahren von meinem ersten gesparten Geld einen 200 Jahre alten Webstuhl kaufte. Darauf webte ich Stoffe und verarbeitete Wolle, die ich in Vaters Heizungskeller auf einem alten Holzherd färbte. Natürlich trug ich meine eigenen Kreationen und sah wahrscheinlich aus wie aus einem lang vergangenen Jahrhundert gefallen.

So gerne ich in Fischerhude aufwuchs, wollte ich 1981 nach meinem Abitur mehr von der Welt sehen. Bereits seit meinem 12. Lebensjahr wünschte ich mir, Afrika kennenzulernen. Ausschlaggebend für diesen Wunsch war ein alter Pastor in der Nachbarschaft meines Elternhauses in Fischerhude-Quelkhorn, der als Missionar in Tansania tätig war und mir herrlich farbige Geschichten von diesem Kontinent erzählte. Der erste Flug meines Lebens brachte mich also nach Chipata in Sambia. Dort konnte ich in einem kleinen „Nutrition-Center" arbeiten. Zu Zeiten, als derartige Auslandsaufenthalte noch nicht staatlich organisiert wurden und niemand meines Alters oder meiner Hautfarbe in der Nähe war, fühlte ich mich wirklich weit weg von zu Hause.

Nach einem Jahr kehrte ich nach Fischerhude zurück. Ich absolvierte ein Keramikerpraktikum bei Petra Meyboden, einer Keramik-Gesellin auf dem Quelkhorner Mühlenberg. Nun also Töpfern. Wieder offenbarte sich mir der Reiz, Dinge selbst herzustellen und die entsprechenden Techniken dafür zu lernen.

*Katharina Bertzbach* geb. 1962, verheiratet, zwei Kinder | nach dem Abitur einjähriger Auslandsaufenthalt in Sambia, Afrika | 1984 Ausbildung zur Scheiben-Töpferin in Gmund (Oberbayern) | 1986 Gesellenprüfung | anschließend weltweite Wanderjahre als Gesellin | Entstehung erster eigener Stücke und Ausstellungen in Neuseeland und Südspanien | 1990 Meisterprüfung zur Keramikmeisterin in Höhr / Grenzhausen | 1993 Rückkehr nach Norddeutschland, Eröffnung einer eigenen Keramikwerkstatt in Hellwege | 2005 Umzug mit der Werkstatt in den Heimatort Fischerhude | stellt farbig bemaltes Gebrauchsgeschirr, großformatige Vasen und Teller sowie modellierte Figuren aus französischer Porzellanmasse her

## KATHARINA BERTZBACH

Aus dem Praktikum in der Werkstatt auf dem Mühlenberg wurden zwei Jahre. Ich war dem keramischen Material, dem Herstellen von Gebrauchsgeschirr, dem Lernen und Besserwerden – kurzum dem Handwerk – bald verfallen. Mein Umfeld in Fischerhude-Quelkhorn war offen und unterstützend. Es gab trotz meiner eher akademisch geprägten Familie engen Kontakt zu Handwerkern und Künstlern. Meine Berufswahl musste ich nie erklären oder rechtfertigen.

Ich war sicher: Das ist es, was ich machen möchte! Ich kümmerte mich also um einen Ausbildungsplatz, der leider gar nicht so einfach zu finden war. Ich wurde fündig im oberbayerischen Gmund am Tegernsee, wo ich 1984 meine Lehre zur Scheiben-Töpferin begann. Glücklicherweise war ich durch mein Afrika-Jahr bereits reise- und kulturerfahren. In einer Werkstatt am Rande der Alpen zu landen, in der ich die Sprache kaum verstand und bayerische Traditionen intensiv gelebt wurden, verpasste mir dennoch einen kleinen Kulturschock. Dass meine Integration funktionierte, wusste ich spätestens mit der Übernahme sprachlicher Kleinigkeiten wie etwa „Brotzeit" statt Mittagessen.

Nach meiner Gesellenprüfung im Jahr 1986 hielt es mich nicht mehr länger im Ausbildungsbetrieb. Ich besorgte mir bei der bayerischen Keramiker-Innung einen Wandergesellen-Pass und

**FÜR HANDWERKER UND KÜNSTLER IST FISCHERHUDE EIN INTERESSANTES PFLASTER. ES GIBT VIELE GLEICHGESINNTE UND GERNE ZEIGEN WIR UNSERE ARBEITEN.**

**Buthmans Hof, Ausstellungsort für den Kunstverein Fischerhude**

machte mich auf den Weg. Dieser führte mich durch viele Werkstätten in Bayern, Neuseeland und Südspanien. Neben Englisch und Spanisch lernte ich vor allem mein Gewerk immer besser kennen, erprobte neue Herstellungs- und Brenntechniken und sah unterschiedlichste Arbeitsweisen. Außerdem machte ich mir erste Gedanken für die Eröffnung einer eigenen Werkstatt.

Meine Meisterprüfung absolvierte ich 1990 dann doch wieder im deutschen Höhr / Grenzhausen im Westerwald. Danach zog es mich zurück nach Norddeutschland, wo ich im Verdener Nachbarkreis 1993 meine erste eigene Werkstatt eröffnete. In den Anfangsjahren arbeitete ich mit weißem hochbrennenden Steinzeugton und machte erste Versuche mit Porzellan. Im Laufe der Zeit entschied ich mich ausschließlich mit einer französischen Porzellanmasse zu arbeiten, die meine Farb- und Formenwelt sehr stark prägt, mich aber auch immer wieder vor neue Herausforderungen stellte.

Trotz erschwertem Verarbeitungsgrad und höheren Einkaufspreisen fasziniert mich Porzellan bis heute. Neben farbig bemaltem Gebrauchsgeschirr und großformatigen Vasen und Tellern sind mittlerweile modellierte Figuren auf Deckeln oder als eigenständige Kleinplastiken mein Markenzeichen. Damit bewege ich mich fließend zwischen angewandter und bildender Kunst, was mir große Freude bereitet und mich nie ins reine „Töpfe produzieren" rutschen lässt.

2005 zog ich mit meinen zwei Kindern zurück in mein Heimatdorf. Das alte Feuerwehrhaus in Fischerhude schien geradezu auf uns gewartet zu haben. Ich kaufte es und baute es zum Wohn- und Werkstatthaus um. Die große Doppelgarage wurde zu zwei Laden-Werkstätten ausgebaut. Die zentrale Lage des Hauses mit dem ehemaligen Garagentor als Schaufenster zeigt allen Interessenten meine Handwerkskunst. Der frühere Aufenthaltsraum der Feuerwehrleute wurde zu unserer Wohnung. Hier fühle ich mich sehr zu Hause! Die Menschen, der Freundeskreis, die Nähe zur Familie, die einfache Logistik des Dorfes mit Läden, Post, Ärzten und Schulen im Umkreis sowie die gute Anbindung an öffentliche Verkehrsmittel macht das Leben hier einfach.

Für Handwerker und Künstler ist Fischerhude ein interessantes Pflaster. Es gibt viele Gleichgesinnte und gerne zeigen wir unsere Arbeiten. Zusammen organisieren wir Ausstellungen, offene Werkstätten oder alle zwei Jahre die „Fischerhuder Keramiktage". Ich veranstalte außerdem kleine Konzerte in meinen Werkstatträumen oder auf der großen Wiese hinterm Haus: im Winter während meiner jährlich stattfindenden Werkstattausstellungen und im Sommer als Picknick-Konzert. So bin ich sehr glücklich an dem Ort, an dem ich lebe, mit der Arbeit, die ich mache und unter den Menschen, die mich umgeben. Und ich bin glücklich, nach dem Ausflug in die große Welt wieder in den Landkreis Verden zurückgekehrt zu sein.

AfA Agentur für Arbeitsvermittlung GmbH

# Bindeglied zwischen Arbeitnehmer und Arbeitgeber

„Arbeiten ist mehr als Geld verdienen", dessen ist sich Geschäftsführer Jürgen Lemke sicher. Beim Blick auf den heutigen Arbeitsmarkt hat sich seit Gründung seiner AfA Agentur für Arbeitsvermittlung GmbH im Jahr 1996 einiges getan. Kurze Wege, Wertschätzung für den Mitarbeiter und Flexibilität stehen immer stärker im Fokus der Arbeitnehmer. Weiche Faktoren, auf die sich potenzielle Arbeitgeber einstellen müssen. „In Verden wird daran stetig gearbeitet. Für die Unternehmen stehen außerdem die soziale und gesellschaftliche Verantwortung im Vordergrund", lobt der Geschäftsführer das unternehmerische Netzwerk der AfA. An drei Standorten – Edewecht, Stuhr und Verden – bringt die AfA Arbeitssuchende und Arbeitgeber zusammen.

Gesetzesnovellierungen im Arbeitnehmerüberlassungsgesetz, zuletzt im Jahr 2017 mit z. B. der befristeten Überlassung von Personal, werden im Interesse aller Beteiligten rechtskonform umgesetzt. Der Name „Agentur für Arbeitsvermittlung" ist bewusst gewählt, steckt in ihm das kooperative Zusammenspiel zwischen den Bedürfnissen des Arbeitnehmers, des Arbeitgebers und der AfA als Bindeglied. Ein bloßes zeitliches Zurverfügungstellen von Arbeitskräften ist nicht das Anliegen der Agentur. Vorrangiges Ziel der AfA ist die langfristige Vermittlung der Arbeitnehmer in das Kundenunternehmen. „Die beste Visitenkarte ist, wenn Personal in Arbeit übernommen wird", fasst Lemke zusammen.

Die Arbeitsvermittlung erfolgt über vier Wege: der direkten Arbeitsvermittlung auf Honorarbasis, der vermittlungsorientierten Arbeitnehmerüberlassung, der strategisch-permanenten Arbeitsüberlassung sowie über den Bereich Outsourcing. Das unternehmerische Netzwerk reicht etwa 50 Kilometer um die jeweiligen Agenturstandorte. Vakanzen werden mit Arbeitnehmern aus der Region besetzt. Der Grund für dieses Vorgehen der AfA ist klar: „Wir wollen mit unserer Arbeit für Unternehmen und Menschen der hiesigen Region aktiv werden."

Die Mitarbeiter der AfA v.l.n.r.: Lutz Januschewitsch, Gerd Uwe Meyer, Christina Bollweg, Karolina Skorupa, Jürgen Lemke, Torsten Tobeck

**WIR WOLLEN MIT UNSERER ARBEIT FÜR UNTERNEHMEN UND MENSCHEN DER HIESIGEN REGION AKTIV WERDEN.**

*AfA Agentur für Arbeitsvermittlung GmbH*
Zollstraße 2a · 27283 Verden (Aller)
www.afaverden.de

*Manfred Cordes*

# Wir müssen alle umdenken

**Sich politisch zu engagieren wurde mir gewissermaßen in die Wiege gelegt – insbesondere hier in Oyten, wo ich aufgewachsen bin und auch heute noch zu Hause bin.**

*Manfred Cordes* geb. 1951 in Bassen, verheiratet, sieben Kinder | Ausbildung bei der Bundesbahn, später Verwaltungsausbildung und zwölf Jahre Regionalleiter bei der Weser-Ems-Bus | 1971 Eintritt in die SPD, 1973 erstmalige Wahl in den Gemeinderat in Oyten, 1976 Fraktionsvorsitzender, 1996 Wahl in den Kreistag Verden | Mitarbeit in diversen Ausschüssen der Gemeinde und des Landkreises | 2001 Wahl zum hauptamtlichen Bürgermeister der Gemeinde Oyten, Wiederwahl 2006 und 2014, Ruhestand seit November 2019

Ich bin ein Bassener Ureinwohner, Jahrgang 1951, aufgewachsen Am Holze. Zu meiner Kindheit gehörte noch die einklassige Volksschule in Bassen-Brammer (gleich hinter Egypten), wo die Klassen 1 bis 8 zusammen unterrichtet wurden – heute unvorstellbar. 1964, als die Volksschule umzog, ging es für uns in „die weite Welt": ins Zentrum von Bassen.

Ich war ein früher Zeitungsleser und durch das Elternhaus sozialdemokratisch geprägt. Das Dorf war im Wesentlichen erzkonservativ, aber Deutschland steckte mittendrin im gesellschaftlichen Umbruch: die außerparlamentarische Opposition, die aufmüpfige Jugend, die Ära Willy Brandt ... Diesem Zeitgeist konnte ich mich nicht entziehen.

Anders als heute waren die Leute damals sehr politisch. Im Alter von 20 Jahren trat ich der SPD bei, mit 21 gründeten einige Gleichgesinnte und ich die AG der Jungsozialisten, mit 22 wurde ich das erste Mal in den Gemeinderat gewählt. Trotz Generationenkonflikt bemühten wir uns um ein kooperatives Miteinander. Wir haben hart diskutiert, aber immer Wert darauf gelegt, dass die Auseinandersetzungen nicht zu persönlich wurden.

Die Bodenständigkeit der Menschen, mit denen ich aufgewachsen bin, hat mich entscheidend geprägt. Im Berufsleben habe ich dann gelernt, über den Tellerrand hinauszublicken. Mit 15 Jahren begann ich eine generalistische Ausbildung bei der Bundesbahn in Bremen, wo ich von der Fahrkartenausgabe über die Güterabfertigung bis zum Rangieren alles lernte, was mit dem Bahnverkehr zu tun hat.

Mir persönlich hat das den Blick in alle Richtungen geöffnet. Es war das genaue Gegenteil einer frühen Spezialisierung, wie sie bei Ausbildungsberufen heute oft gewollt ist. Später absolvierte ich – nach dem Besuch einer Fachschule in Abendform – in Fulda eine Verwaltungsausbildung, arbeitete als Urlaubs- und Krankenvertretung in einem Personalbüro und einer Beschaffungsgruppe der Bundesbahn und zwölf Jahre als Regionalleiter bei Weser-Ems-Bus, bevor ich 2001 zum Bürgermeister der Gemeinde Oyten gewählt wurde.

Im Speckgürtel Bremens konnte Oyten sich gut entwickeln. 1971 zählte die Gemeinde 9.500 Einwohner, heute sind es 15.700. In meiner Zeit als Lokalpolitiker gehörte es daher zu den großen Herausforderungen, den wachsenden Bedarf an Schulen und Kindergärten zu decken, Bauland zu erschließen und durch Industrieansiedlung Arbeit zu den Menschen zu bringen.

Heute, nach 46 Jahren im Gemeinderat und 18 Jahren als Bürgermeister, glaube ich: Die Wachstumsmöglichkeiten für Oyten sind nicht grenzenlos. Mein Wunsch für die Zukunft ist, dass die Politik ein gutes Gleichgewicht zwischen wirtschaftlichen Interessen und Umweltschutz findet. Tatsache ist: Alles, was seriöse Wissenschaftler vor 20 oder 30 Jahren vorhergesagt haben, ist eingetreten. Die Klimakrise erfordert von uns ein komplett neues Denken: Und jeder Mensch, jede Gemeinde muss vor der eigenen Haustür anfangen.

Ich habe immer gern hier gelebt, finde hier alles, was ich brauche. Meine Frau und ich haben sieben Kinder, die zusammen bereits 16 verschiedene Berufe ausgeübt haben. Alle haben so ihren Platz im Leben gefunden. Am Beispiel der eigenen Familie behaupte ich also: Der Landkreis bietet gute Perspektiven für die junge Generation. Sicher, jede Kommune ist aufgrund ihrer Lage ein wenig anders aufgestellt. Aber ich verstehe den Landkreis als Schicksalsgemeinschaft: Wir sitzen alle im gleichen Boot. Jede Gemeinde stellt eine Schlagfrau oder einen Schlagmann. Wichtig ist, dass wir möglichst alle, zusammen mit dem Landkreis, in die gleiche Richtung rudern.

**DIE KLIMAKRISE ERFORDERT VON UNS EIN KOMPLETT NEUES DENKEN: UND JEDER MENSCH, JEDE GEMEINDE MUSS VOR DER EIGENEN HAUSTÜR ANFANGEN.**

Das Heimathaus Oyten

*Belinda di Keck*

# Eine Region mit vielen Lieblingsorten

**Mein erster Eindruck von Verden war der von Orgelklängen erfüllte Dom. Das war vor 13 Jahren. Seitdem habe ich viele Momente erlebt, in denen mir das Herz aufgeht.**

*Belinda di Keck* geb. 1963 in Ochsenhausen | 1982 bis 1985 Ausbildung zur Holzbildhauergesellin in Bad Waldsee, Gastsemester für Bildhauerei bei Prof. Hajek in Karlsruhe | 1989 bis 2006 Leben und Arbeit auf La Palma | 1990 bis 1995 autodidaktisches Studium der Malerei | ab 1995 Ausstellungen in Deutschland, in Holland, auf den kanarischen Inseln und in den USA | 2000 bis 2004 Mitorganisatorin der Hacienda Tacande Begegnungsstätte für Künstler und Therapeuten, El Paso, La Palma | 2005 Wiederaufnahme der bildhauerischen Tätigkeit | 2006 Übersiedlung nach Verden, ab 2007 Aufbau, 2010 Einweihung des Ateliers in Verden | 2011 Landart-Projekt anlässlich des 100. Weltfrauentages, Entwurf eines begehbaren dreiarmigen Spirallabyrinthes in Verden und künstlerische Leitung beim Bau des Labyrinthes | Aufnahme in die Künstlerinnengruppe international women artist group – rootless

Bevor ich 2006 zu meinem Lebensgefährten nach Verden gezogen bin, habe ich 18 Jahre auf der kanarischen Insel La Palma gelebt. Die Allerstadt war also ein kompletter Neuanfang für mich. Ich hatte keine familiären Wurzeln hier und keine Bekannten. Doch ich habe rasch gemerkt: Die Verdener sind offen, wenn man ihnen ebenso offen begegnet.

Ich kann mich noch gut an meinen ersten Eindruck von der Stadt erinnern. Nach einem Spaziergang an der Aller schaute ich in den Dom hinein, wo gerade jemand auf der Orgel spielte. Dieses imposante Bauwerk, erfüllt von Musik – das ging mir durch und durch. Später habe ich die kulturelle Infrastruktur im Landkreis zu schätzen gelernt. Für mich als Künstlerin ist das ein wichtiger Aspekt. Das betrifft zum einen die guten Ausstellungsmöglichkeiten im Landkreis, etwa das Häuslingshaus in Langwedel, das Müllerhaus in Kirchlinteln, Ehmken Hoff in Dörverden oder die Kreissparkasse Verden. Zum anderen bin immer wieder begeistert, wie viele namhafte Künstler in die Allerstadt finden und welche außergewöhnlichen Angebote, wie die Domfestspiele und die Jazz- und Bluestage, hier auf die Beine gestellt werden. Wenn man sich bewegt und Lust darauf hat, kann man wirklich eine Menge unternehmen.

Ich bin keine Landschaftsmalerin, darum hinterlässt der Landkreis nur indirekt Spuren in meinen Bildern. Aber es kommt vor: Zum Beispiel habe ich die Ornamentik der Domfester in mehreren Gemälden aufgegriffen. Ich nehme viel wahr, deswegen sind auch meine Bilder immer sehr „voll". Diese Fülle ist mir quasi in die Wiege gelegt, denn in Süddeutschland, wo ich aufgewachsen bin, dominiert der Barock als Stilrichtung. Angefangen habe ich als gelernte Holzbildhauerin, seitdem

Die Verdener Dünen

MEINE LIEBLINGSORTE? DA SIND NATÜRLICH DIE ALLER, DIE VERDENER DÜNEN, DER SACHSENHAIN … DOCH AUCH IM AUTO AUF DER LINDHOOPER STRASSE HABE ICH SCHON WUNDERBARE MOMENTE ERLEBT: HINTER MIR DER SONNENUNTERGANG, VOR MIR DER VOLLMOND. DA GEHT MIR DAS HERZ AUF.

Der größte Spaziergänger der Stadt Verden: die Skulptur „Walking Man" an der Ostertorstraße (Bild oben). Verden und die Aller von oben mit der neuen Eisenbahnbrücke, die 2019 um eine Fahrradbrücke erweitert wurde (Bild u. l.). Das Rathaus in Verden (Bild u. r.).

**DAS VERDENER LABYRINTH IN DER STRAßE „HINTER DER MAUER" IST EIN SCHÖNER ORT GEWORDEN, UM SICH ZURÜCKZUZIEHEN. MENSCHEN VERBRINGEN HIER IHRE MITTAGSPAUSE, LESEN ODER SCHREIBEN.**

entwickelt meine Kunst sich ständig weiter. Ich verstehe sie als Kommunikationsmittel: Sie gibt mir die Möglichkeit, anderen Menschen von dem zu erzählen, was mich bewegt, und ihnen gleichzeitig Türen zu einer anderen Wahrnehmung zu öffnen.

Ein Thema, das mich schon sehr lange beschäftigt, ist die Situation von Frauen in der Welt. Seit Tausenden von Jahren wird das Weibliche überall auf der Welt unterdrückt. Frauen sehen sich massiven Ungerechtigkeiten ausgesetzt bis hin zu physischen und psychischen Verstümmelungen. Dabei belegen archäologische Funde, dass frühe Kulturen das Weibliche ehrten und achteten. Seit Ende des 19. Jahrhunderts wurden in ganz Europa Hunderte Frauenfiguren, Göttinnen und Urmütter gefunden. Die älteste Figur, die Venus vom Hohle Fels von der Schwäbischen Alb, ist rund 38.000 Jahre alt.

Diesen Urmüttern habe ich einen Bilderzyklus gewidmet, der mir sehr viel bedeutet – ich habe sogar angefangen, ein Buch über sie zu schreiben. Viele dieser Figuren habe ich auf meinen Reisen nach Italien, Frankreich, USA, Tunesien, Griechenland oder in die Türkei selbst gesehen. Solche Begegnungen mit den weiblichen Wurzeln unserer Zivilisation sind für mich sehr emotionale Momente – ich betrete einen Raum und könnte weinen vor Freude. Mein Wunsch ist, mit meiner Arbeit diese weiblichen Wurzeln zu stärken.

Übrigens ist der Landkreis Verden, was die Existenz solcher Urmütter betrifft, kein schwarzes Loch: 2011 wurde bei archäologischen Erkundungen vor Verlegung einer Erdgasleitung die „Venus von Bierden" entdeckt, ein kleiner Sandstein mit eingravierter Frauendarstellung – und mit 9.000 Jahren die älteste ihrer Art in Norddeutschland. Dieser Fund hat mich natürlich besonders gefreut.

Was die Auseinandersetzung mit dem Verlust der eigenen Wurzeln angeht, so habe ich Gleichgesinnte in der internationalen Künstlerinnengruppe „Rootless" gefunden. Wir sind derzeit zehn Frauen, die aus dem Iran, Indien, Argentinien, Amerika und Deutschland kommen. Im Dialog, in gemeinsamen Workshops und Ausstellungen loten wir aus, wovon unsere Lebensqualität beeinträchtigt wird, aus welcher Quelle wir unsere Lebenskraft schöpfen und was uns nährt – alles betrachtet aus unserer spezifisch weiblichen Perspektive und kommuniziert mit den Mitteln der Kunst.

Mittlerweile lebe ich seit 13 Jahren in Verden und freue mich, dass ich künstlerische Spuren hinterlassen habe – nicht nur durch meine Ausstellungen und die Arbeit in meinem Atelier. Zum 100. Weltfrauentag im Jahr 2011 habe ich zusammen mit der Gleichstellungsbeauftragten Rosemarie Guhl und Schülern der BBS Rotenburg auf dem Platz hinter dem Rathausneubau ein Spirallabyrinth angelegt. Auch viele Frauen aus der Umgebung haben mitgeholfen. In fünfwöchiger Arbeit haben wir Gräben ausgehoben und die Steine einbetoniert. Entstanden sind drei Wege, die zum Beispiel Vergangenheit, Gegenwart und Zukunft symbolisieren oder den weiblichen, männlichen und gemeinsamen Weg. Aber man kann auch die eigene Mitte suchen, den eigenen Rhythmus finden, sich selbst begegnen und anschließend wieder in die Außenwelt zurückkehren.

Faszinierend ist, dass die Spirale ein Archetypos ist, der überall in der Natur vorkommt, von der einzelnen Zelle bis zum Spiralnebel der Milchstraße. Das Verdener Labyrinth in der Straße „Hinter der Mauer" ist ein schöner Ort geworden, um sich zurückzuziehen. Menschen verbringen hier ihre Mittagspause, lesen oder schreiben. Ich persönlich mag den Platz sehr. Manchmal gehe ich dorthin, ziehe die Schuhe aus und laufe die Wege entlang. In meinen Augen ist Kunst generell eine wunderbare Möglichkeit, die Innenstadt zu beleben. Ein entsprechendes Konzept wünsche ich mir vor allem für leerstehende Läden in der Fußgängerzone, der Lebensader der Stadt. Es gibt so viele kreative Köpfe in Verden, die zeigen könnten: Hier bewegt sich etwas!

Meine Lieblingsorte? Da sind natürlich die Aller, die Verdener Dünen, der Sachsenhain ... Doch auch im Auto auf der Lindhooper Straße habe ich schon wunderbare Momente erlebt: hinter mir der Sonnenuntergang, vor mir der Vollmond. Da geht mir das Herz auf.

*Jörn Ehlers*

# Die eigenen Wurzeln sind mir wichtig

**Nach der Schule wollte ich erstmal weg vom Dorf, raus in die Welt. Aber dann haben zwei junge Landwirte in Stedorf die Lust auf Landwirtschaft in mir geweckt – und den Grundstein für meine Laufbahn gelegt.**

*Jörn Ehlers* geb. 1972 in Verden, verheiratet, zwei Kinder | 1988 bis 1993 Ausbildung zum Landwirt | 1993 bis 1998 Studium der Agrarwissenschaften in Witzenhausen | landwirtschaftliches Praktikum in den USA | seit 1998 Betriebsleiter auf dem elterlichen Hof | erster Vorsitzender des Landvolks Niedersachsen auf Kreisebene sowie Vorstandsmitglied in weiteren politischen Ebenen des Landvolkes Niedersachsen

Meine Familie wohnt seit mehr als 400 Jahren in Holtum/Geest. Aus der Dorfchronik von Hermann Lübbers geht hervor, dass unser Hof der zweite war, der hier entstanden ist. Dass ich eines Tages den Schweinemastbetrieb der Familie übernehmen würde, war jedoch nicht selbstverständlich. Während der Schulzeit hatte ich viele andere Ideen. Ich wollte weg vom Dorf, raus in die Welt. Nach dem Realschulabschluss zog es mich zum Sprachkurs nach London, zum Wandern nach Norwegen, zum Kirchentag nach Berlin.

Meine Eltern waren damals so klug, keinen Druck auf mich auszuüben. Während meiner Berufsausbildung zum Landwirt änderte sich mein Blick. Ich kam zu einem Betrieb in Stedorf mit ganz jungen Landwirten, einem Paar Mitte 20. Die beiden haben mir sehr früh Verantwortung übertragen und in mir die Lust auf die Landwirtschaft geweckt. Damit legten sie den Grundstein meiner landwirtschaftlichen Laufbahn. Und den meiner späteren Familie, denn in Stedorf habe ich auch meine spätere Frau kennengelernt und sie nach Holtum „mitgenommen".

Heute betreiben wir eine Schweinemast mit 2.000 Tieren. Seit vier Jahren halten wir 85 Prozent nach den Kriterien der Initiative Tierwohl – das bedeutet für die Schweine mehr Bewegungsfreiheit und Beschäftigung sowie höhere Standards in Sachen Lüftung, Tränke und Wasserqualität. Der Mehraufwand wird vom Handel vergütet. Ich bin sehr davon überzeugt, denn die Maßnahmen passen zu mir. Außerdem bringt diese Variante einen Teil der Wertschöpfung zur Landwirtschaft zurück. Landwirtschaft stellt heutzutage einen

Dreiklang aus Ökonomie, Ökologie und sozialen Aspekten dar – wobei Ökonomie bedeutet, wie es zwischen Daumen und Zeigefinger aussieht. Dieser Aspekt muss stimmen, wenn der landwirtschaftliche Familienbetrieb zukunftsfähig bleiben soll. Dafür setze ich mich seit 2012 auch als Vorsitzender des Landvolkkreisverbandes Rotenburg-Verden ein. So ein Amt zu übernehmen, ist keine Entscheidung, die man alleine trifft. Die Familie muss schon cool bleiben und einverstanden sein. Schließlich zählt der Kreisverband rund 2.300 Mitglieder sowie 60 Beschäftigte, der Umsatz liegt bei knapp drei Millionen Euro im Jahr. Schnell habe ich gemerkt, dass ich mich fortbilden muss, um einen guten Job machen zu können. Als Vorbereitung darauf habe ich einen fünfwöchigen Studienkurs für Nachwuchskräfte im Ehrenamt absolviert. Eine prägende Erfahrung, bei der sich alles um das kompetente Auftreten in der Standespolitik drehte: von der Farb- und Stilberatung bis zur Exkursion nach Brüssel.

Im Mittelpunkt der Kreisverbandsarbeit steht der landwirtschaftliche Familienbetrieb und die Erhaltung seiner Zukunftsfähigkeit. Unser Ziel ist es, ein dafür möglichst günstiges Umfeld zu schaffen – vom kleinen lokalen Dienstleister bis zur europäischen Agrarpolitik. Der Landkreis Verden hat diesbezüglich einige tolle, moderne Institutionen zu bieten: vom Tierzucht-Spezialisten Masterrind über den Hannoveraner Verband bis zum EDV-Unternehmen VIT (Vereinigte Informationssysteme Tierhaltung). Große Sorgen machen uns derzeit die gesellschaftlichen und politischen Diskussionen. Denn die Tatsache, dass vornehmlich die negativen Seiten der Landwirtschaft herausgestellt werden, belastet die Betriebe. Sicher, nicht alle Themen unserer Branche sind unproblematisch. Aber es ist auch nicht alles schlecht. Und wir dürfen nicht vergessen, dass die Landwirtschaft ein wichtiger Bestandteil unserer Dörfer ist und ein Stück Lebensqualität bedeutet. Für diese Botschaft mache ich mich seit 2017 auch auf Landesebene stark, als Vizepräsident des Niedersächsischen Landvolks.

Erfreulicherweise ist in Holtum viel von den alten bäuerlichen Strukturen erhalten geblieben. Es gibt viele aktive landwirtschaftliche Betriebe und ein gutes Miteinander unter den Betriebsleitern – natürlich auch immer mal mit Konkurrenzsituation, aber niemals als Feindschaft. Und immer noch spielen traditionelle Gepflogenheiten eine Rolle. So wird der 100 Hektar große Gemeinschaftswald von uns Bauern gemeinschaftlich bewirtschaftet, wie es schon Generationen vor uns getan haben.

Was meine Kindheit besonders gemacht hat, war dieses Gefühl von Beständigkeit und Zugehörigkeit. Zum Beispiel war der Autor der Dorfchronik, Hermann Lübbers, mein Grundschullehrer in Walle. Zuvor unterrichtete er schon meine Eltern in der Holtumer Dorfschule, bevor das Gebäude zum Kindergarten umfunktioniert wurde. Meine Großmutter wiederum ist beim Vater von Hermann Lübbers in die Schule gegangen. Dankenswerterweise ist in Lübbers Chronik auch manches Kuriosum überliefert, etwa der Bau des Holtumer Glockenturms, der 1891 eingeweiht wurde. Der Turm wurde von den Dorfbewohnern in Eigenleistung errichtet, jeder hatte seine Hand- und Spanndienste zu leisten. Ein Holtumer aber soll sich der Sache verweigert haben. Und zur Strafe wurde in der Folge die Kirchglocke nicht geläutet, wenn jemand aus seiner Familie starb. Ich bin hier sehr verwachsen – die eigenen Wurzeln zu kennen, ist mir wichtig. Das Interessante ist: Wenn man sich mit der Geschichte beschäftigt, versteht man manchmal auch, wo die heutigen Entwicklungen ihren Ursprung haben und welchen Weg man am besten in die Zukunft geht.

**ERFREULICHERWEISE IST IN HOLTUM VIEL VON DEN ALTEN BÄUERLICHEN STRUKTUREN ERHALTEN GEBLIEBEN. ES GIBT VIELE AKTIVE LANDWIRTSCHAFTLICHE BETRIEBE UND EIN GUTES MITEINANDER UNTER DEN BETRIEBSLEITERN.**

**Getränke Ahlers GmbH**

# Das Durstlöschen zur Aufgabe gemacht

Trinken gehört zu den Grundbedürfnissen des Menschen. Das war schon immer so, das wird immer so sein. Den Durst der Menschen zu stillen, machte sich Heinrich Ahlers 1910 zur Aufgabe. Seitdem arbeitet das Unternehmen daran, die Kunden mit jeder Art von Getränken zu versorgen. Und das sehr erfolgreich: Bereits in vierter Familiengeneration stehen Kundenzufriedenheit und Dienstleistungsgedanke an erster Stelle der Unternehmensphilosophie. Die Getränke Ahlers GmbH ist seit Beginn des 20. Jahrhunderts zu einem der größten inhabergeführten Getränkehandel Deutschlands avanciert. Mit einem Sortimentsangebot von weit mehr als 7.000 Artikeln werden heute über 4.000 Gastronomiekunden beliefert. Aber der Reihe nach. Denn in der Regel beginnen auch erfolgreiche Unternehmen ganz klein.

Es war im Jahr 1910, als Heinrich Ahlers mit seinem Pferdewagen die ersten Getränkekästen auslieferte. Seine Kunden waren damals Gastronomen in der unmittelbaren Umgebung. Mit der Gründung seines Unternehmens – zu seiner Zeit unter dem Namen „Bierverlag Ahlers" – sorgte er dafür, dass die Gäste der Gastronomiebetriebe niemals auf dem Trockenen sitzen mussten. Später traten auch Ahlers Tochter und schließlich sein Enkel und Urenkel in das Unternehmen ein. Sie alle wussten noch, wie es ist, die Getränke mit Pferd und Pritschenwagen auszuliefern. Bernhard Henze, Enkel des Unternehmensgründers Ahlers, erinnert sich an seine erste eigene motorisierte Lieferfahrt: „Das war 1954, ich durfte ein Fass Bier ausliefern. Als ich dann 1956 meinen Führerschein bestand, wurde es etwas einfacher und der Service besser für unsere 20 Kunden." Henze schmunzelt, wenn er daran denkt. Inzwischen steht dem Unternehmen eine Flotte mit 120 Lastkraftwagen zur Verfügung und macht den Getränkelieferanten über die Kreisgrenzen hinaus bekannt. Die bekannten, flotten Sprüche („Mich bringt nichts auf 180", „Folge mir, ich hab´ Bier" oder „Löschzug") auf den Lkws bringen Autofahrer wie Fußgänger zum Schmunzeln und erhöhen die Wiedererkennbarkeit der Marke.

Mit dem einfachen Lastwagen begann Firmengründer Heinrich Ahlers die Unternehmensgeschichte

Markante Sprüche und einprägsame Slogans verursachen bei vielen Kunden ein Schmunzeln

Geschäftsführer der Getränke Ahlers GmbH: Andreas Henze und Bernhard Henze

Von Cuxhaven im Norden bis nach Goslar im Süden, von Magdeburg im Osten bis nach Ostfriesland im Westen erstreckt sich das Liefergebiet der Getränke Ahlers GmbH mittlerweile. Durch die Übernahme einiger kleinerer regionaler Getränkefachhandlungen in die Ahlers-Familie ist das Unternehmen inzwischen an sechs Standorten aktiv. Zur Ahlers-Unternehmensgruppe gehören mehr als 200 HOL' AB!-Getränkemärkte, deren erster Standort 1978 von Bernhard Henze und seinem Sohn Andreas Henze eröffnet wurde. Der Gedanke dahinter war verbunden mit einer starken Dienstleistungsorientierung. „Wir wollten den Kunden die Möglichkeit geben, Getränke ähnlich einem Supermarkt in einer Angebotsvielfalt und in unterschiedlichsten Preissegmenten direkt mitnehmen zu können: günstig wie ein Discounter, praktisch wie ein Drive-in und kundenfreundlich wie ein Tante-Emma-Laden", resümieren die beiden derzeitigen Geschäftsführer ihren Schritt zum stationären Getränkehandel. Die erste Filiale eröffnete in der Obernstraße in Achim, heute sind die Läden mit dem rot-blau-weiß leuchtenden HOL' AB!-Logo über fünf Bundesländer flächendeckend verteilt.

Regionale Identität – ein wichtiger Punkt in der Unternehmensphilosophie. Besonders deutlich wurde das, als Bernhard Henze im Jahr 2009 die Markenrechte der Bremer Bier-Marke „Hemelinger" aufkaufte. Er konnte die Traditionsmarke, mit der er und seine Familie aufwuchsen, nicht aussterben lassen. Zur Rettung von Hemelinger sagt er: „Getränke sind Genuss und tragen auch immer ein Stück Heimat in sich, wenn sie mit einer Region verbunden sind." Die Hemelinger Bier-Familie ist im Laufe der Jahre gewachsen und hat mit gutem Geschmack zu attraktiven Preisen ihre Anhänger gefunden. Die sinnvolle Erweiterung der Produktpalette und das Gespür für Trends auf dem Getränkemarkt sind nur eine Zutat im Erfolgsrezept von Ahlers. Es geht um Verantwortung für Mitarbeiter und Kunden, es geht um Engagement und es geht vor allem darum zu wissen, wo man herkommt. „Ahlers und Achim, das ist wie Werder und Bremen", sagt Bernhard Henze – eine Einheit, die man niemals trennen sollte. Verbunden mit dem großen Auftrag, den Durst der Menschen in Norddeutschland auch in den kommenden Jahrzehnten zu stillen.

> „GETRÄNKE SIND GENUSS UND TRAGEN AUCH IMMER EIN STÜCK HEIMAT IN SICH."

*Getränke Ahlers GmbH*
Industriestraße 15 · 28832 Achim
www.ahlersgetraenke.de

Aller-Weser-Klinik gGmbH

# Nah am Patienten

In Niedersachsen sollte ein Krankenwagen innerhalb von 15 Minuten am Einsatzort sein. Wer sich selbst schon einmal in einer medizinischen Notlage befand oder als Ersthelfer vor Ort war, weiß wie lange sich diese 15 Minuten anfühlen können. Umso bedeutender ist eine wohnortnahe und qualitativ hochwertige medizinische Versorgung. Die Krankenhäuser der Aller-Weser-Klinik gGmbH (AWK) leisten dafür in den Krankenhäusern in Achim und Verden in allen wichtigen Fachgebieten seit mehr als 125 Jahren einen bedeutenden Beitrag.

Der Erfolg des Krankenhauses hat sich über einen langen Zeitraum entwickelt. Die Geschichte der AWK ist geprägt von Wachstum und einer stetigen Weiterentwicklung. Ständiges Ziel ist es, moderne Medizin auf dem neuesten Stand der Technik anzubieten. Beispielhaft dafür stehen zuletzt der aufwendige Umbau der Geriatrie (3,25 Mio. €) im Krankenhaus Achim im Sommer 2017 und die Inbetriebnahme eines Linksherzkathetermessplatzes als Hybrid-OP im Krankenhaus Verden im Sommer 2018. Im Dezember 2019 erfolgte der erste Spatenstich für den Neubau eines Bettenhauses in Verden.

Die Anfänge des Krankenhauses in Achim reichen bis in das Jahr 1872 zurück, die des Krankenhauses Verden bis ins Jahr 1892. Um den Anforderungen des Gesundheitsmarktes gerecht zu werden und die Krankenhäuser dauerhaft im Bestand zu sichern, gründeten die Städte Achim und Verden mit dem Landkreis Verden 2001 die Aller-Weser-Klinik gGmbH, die seitdem als Träger die Krankenhäuser Achim und Verden betreibt. 2011 wurde das ev. Diakonissenmutterhaus Rotenburg (Wümme) e.V. vierter Gesellschafter. Umstrukturierung, Schwerpunktbildung und Synergieeffekte in den peripheren Dienstleistungsbereichen wurden und werden mit dem Ziel durchgeführt, die Leistungsfähigkeit zu erhöhen und die Krankenhäuser als attraktive Gesundheitsdienstleister zukunftssicher zu machen.

**Ein Schwerpunkt der AWK-Mediziner ist die Behandlung von Patienten mit Herzproblemen**

LANDKREIS VERDEN – GANZ PERSÖNLICH

Auf der Geriatrie gehört die Hundetherapie selbstverständlich zur Behandlung

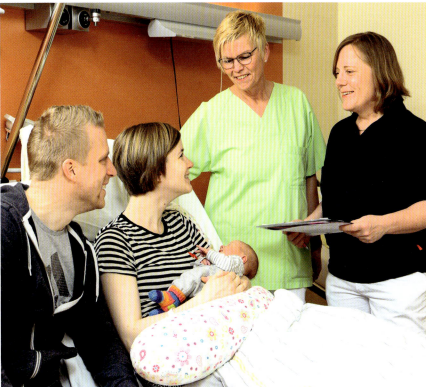

Junge Eltern schätzen das familiäre Umfeld auf der Geburtsstation

Die Aller-Weser-Klinik gGmbH verfügt über alle wichtigen Fachgebiete der medizinischen Versorgung. Stationär werden jährlich rund 16.000 Patienten versorgt, ambulant kommen noch einmal rund 30.000 hinzu (Berichtszeitraum 2019). Beide Krankenhäuser stehen das ganze Jahr, 24 Stunden am Tag, für die Notfallversorgung zur Verfügung.

Qualifizierte Schwerpunkte liegen, neben der Basisversorgung in der Chirurgie und Inneren Medizin, im Herzkatheterlabor, der Hand- und Fußchirurgie und der orthopädischen Chirurgie. Für Entbindungen steht im Krankenhaus Verden das Team der Frauenheilkunde für die ganzheitliche Behandlung vor, während und nach der Geburt zur Verfügung. Kooperierende Praxen, wie etwa das Schlaflabor, und andere Partner ergänzen das Leistungsspektrum der attraktiven und zukunftssicheren Gesundheitsdienstleistung.

Die überschaubare Größe der Häuser gewährleistet eine unkomplizierte, interdisziplinäre und interprofessionelle Zusammenarbeit der unterschiedlichen Fachbereiche. Es wird eine qualitativ hochwertige ärztliche Behandlung und Pflege geboten, verbunden mit einem hohen Maß an individueller menschlicher Zuwendung. Rund 650 Mitarbeiterinnen und Mitarbeiter sorgen 24 Stunden am Tag in den unterschiedlichen Abteilungen für das Wohl der Patientinnen und Patienten.

**RUND 650 MITARBEITERINNEN UND MITARBEITER SORGEN 24 STUNDEN AM TAG IN DEN UNTERSCHIEDLICHEN ABTEILUNGEN FÜR DAS WOHL DER PATIENTINNEN UND PATIENTEN.**

Die Aller-Weser-Klinik gGmbH ist der größte Arbeitgeber der Region im Gesundheitssektor. Die Zusammenarbeit ist geprägt von flachen Hierarchien in einem familiären Umfeld. Fort- und Weiterbildung spielt für die Mitarbeiter eine wichtige Rolle. Neben dem medizinischen Personal sorgen die Abteilungen Technik, Hygiene, Service, Küche, Verwaltung, Hauswirtschaft und IT dafür, dass an beiden Standorten die Abläufe nicht aus dem Takt geraten.

*Aller-Weser-Klinik gGmbH*
Eitzer Straße 20 · 27283 Verden (Aller)
Bierdener Mühle 2 · 28832 Achim
www.aller-weser-klinik.de

Dittmers GmbH

# Über 150 Jahre Tradition und Innovation

"Der Mensch ist nur da ganz Mensch, wo er spielt", lautet ein berühmtes Zitat von Friedrich Schiller. Das Schaffen und Wirken von Sabine Dittmers-Meyer ist untrennbar mit dieser Erkenntnis verknüpft. Die gleichermaßen heimatverbundene wie visionäre Vollblut-Unternehmerin widmet sich in dritter Generation dem faszinierenden und facettenreichen Themenbereich „Spielen". Mit ihren langjährig erfolgreichen Unternehmen unter der Marke Spielomatik hat sie über die Landesgrenzen hinaus das Beste aus Tradition und Moderne vereint.

Spielen zählt weltweit zu den ältesten Kulturtechniken des Menschen. Spielen vermittelt Leichtigkeit, Lebendigkeit und Lebensfreude und beschert eine unbeschwerte Auszeit vom Alltag. Dieses seit Menschengedenken spannende Thema hat Sabine Dittmers-Meyer bereits früh in den Bann gezogen. Der Ursprung ihrer Familien-Erfolgsstory geht auf das Jahr 1863 zurück und basiert in der Gründung der Zigarrenfabrik Ferdinand Müller & Co. in Verden. Nahezu ein Jahrhundert später ging hieraus der Tabakwarengroßhandel Hermann Dittmers hervor.

Der weitsichtige Unternehmer erkannte bereits früh das Potenzial, das sein Geschäftsfeld „Tabakwaren" offerierte und erschloss strategisch klug und konsequent neue Märkte. Sein Portfolio erweiterte er mit einem untrüglichen Gespür für den Zeitgeist sowie die Bedürfnisse der Kunden. Bereits 1968 startete er mit der Aufstellung von Musik-, Geldspiel- und Unterhaltungsautomaten durch. Sein Mut und sein unternehmerisches Geschick trugen rasch Früchte. Die innovativen Neuerungen, die den Gästen ein abwechslungsreiches Freizeitvergnügen bescherten, wurden begeistert angenommen. Auch während der nächsten Jahre trieb der kluge Stratege die Expansion des Unternehmens zielsicher voran. Rund zehn Jahre später, am 30. Dezember 1978, wurde die Hermann Dittmers GmbH gegründet.

Bereits nach nur zwei Jahren, am 1. Januar 1980, wurde unter dem Namen Spielomatik die erste Spielstätte eröffnet. Heute betreut die Firma Dittmers GmbH mit ihren Tochterunternehmen eine Vielzahl an Gaststätten und Bistros in Niedersachsen, Bremen und Hamburg. In den modernen Spielomatik-Entertainment-Centern schätzen es die Gäste sehr, in stilvollem Ambiente bei Spiel, Spaß und Spannung eine kreative Auszeit zu genießen.

2006 übernahm Sabine Dittmers-Meyer in dritter Generation das Unternehmen. Basierend auf exzellenter Expertise und einem enormen Erfahrungsschatz entstanden unter ihrer Federführung innovative Entertainment-Konzepte für gehobene Ansprüche. Die Unternehmerin hat ein klares Werteverständnis und setzt hohe Standards: Ein wertschätzender Umgang, ausgeprägtes Service-Bewusstsein und maximale Kundenorientierung sind die Säulen, auf denen die Unternehmenskultur beruht. Begleitet von der Entschlossenheit und dem Mut, sich auch den Veränderungen der Zeit zu stellen und deren Chancen zu erkennen.

Dabei stehen stets die Menschen mit ihren individuellen Bedürfnissen im Mittelpunkt. „Professionell und engagiert für unsere Kunden da zu sein, dafür steht jeder einzelne Mitarbeiter mit seinem Namen", erläutert Sabine Dittmers-Meyer. Kreativ, modern und kultig begeistert Spielomatik seit Jahrzehnten seine Kunden. Ein zentrales Thema ist dabei der geprüfte Jugend- und Spielerschutz. Hier hat Sabine Dittmers-Meyer Pionierarbeit in Deutschland geleistet: Ihre Unternehmen in Niedersachsen und Bremen zeichneten sich 2014 als Erste durch das Qualitätssiegel „TÜV-zertifizierte Spielstätte" aus. Auch die fundierte, qualifizierte Weiterbildung der Mitarbeiter genießt einen hohen Stellenwert, insbesondere zum wichtigen Themenbereich Prävention.

„PROFESSIONELL UND ENGAGIERT FÜR UNSERE KUNDEN DA ZU SEIN, DAFÜR STEHT JEDER EINZELNE MITARBEITER MIT SEINEM NAMEN."

Sabine Dittmers-Meyer

Seit vielen Jahren und mit großem Einsatz engagiert sich Sabine Dittmers-Meyer zudem ehrenamtlich in Branchenverbänden der Deutschen Automatenwirtschaft. Im Fachverband Gastronomie Aufstellunternehmer hat sie den 1. Vorsitz inne. Mit der Region ist die Unternehmerin seit vielen Jahren überaus eng verbunden. Mit ihren Unternehmen schafft sie Arbeitsplätze und trägt zum wirtschaftlichen Motor sowie zur Wertschöpfungskette der Region bei. Auch ihrer gesellschaftlichen Verantwortung ist sich Sabine Dittmers-Meyer bewusst. Als Gründungsmitglied von Zonta Verden setzt sie sich dafür ein, die Lebenssituation von Frauen im rechtlichen, politischen, wirtschaftlichen und beruflichen Bereich zu verbessern und unterstützt kulturelle und sportliche Events in der Region. „Wir freuen uns, im Rahmen dieser oft jahrelangen intensiven Partnerschaften auch in Zukunft eine aktive Rolle in der Hilfe für die Region zu übernehmen", sagt die erfolgreiche Unternehmerin.

*Dittmers GmbH*
Kleine Wallstraße 3
27283 Verden (Aller)

*Dr. Björn Emigholz*

# Eine Stadt, in der Geschichte lebendig ist

„Ein echter Verdener werden Sie nie!", begrüßte mich Dr. Wolfgang Schöttler, mein Vorgänger als Museumsleiter, an meinem ersten Arbeitstag. Nun bin ich es doch geworden …

**Dr. Björn Emigholz** geb. 1956 in Bremen, verheiratet | entstammt einer Unternehmerfamilie, anders als seine beiden Brüder zog es ihn nicht ins Kaufmännische, sondern studierte in Hamburg Volkskunde, Germanistik und Wirtschafts- und Sozialgeschichte, Promotion 1985 | die redaktionelle Arbeit für eine Anzeigenzeitung in Osterholz-Scharmbeck führte zu einer Tätigkeit in der Kulturabteilung des Landkreises Osterholz, organisierte dort die Schriftgut-Übernahme in das Kreisarchiv und betreute in vielerlei Hinsicht das Kunstschaffen in Worpswede | schloss parallel dazu ein Fernstudium zum „Management-Assistenten" ab | übernahm anschließend die Öffentlichkeitsarbeit für die Industrie- und Handelskammer Oldenburg | arbeitet und lebt seit 1990 in Verden und ist mit der Leitung des Stadtarchivs und des Historischen Museums „Domherrenhaus" betraut

Ein echter Verdener sei nur jemand, dessen Eltern und Großeltern auf dem Domfriedhof begraben liegen, erläuterte Dr. Schöttler. „Auch gut", dachte ich, denn länger als fünf Jahre wollte ich sowieso nicht bleiben. So viel Zeit gab ich mir, um die Aufgabe, derentwegen ich eingestellt worden war, nämlich die Er- und Einrichtung eines Erweiterungsbaus des Domherrenhauses, zu vollenden. Zu beidem ist es nicht gekommen, denn ich lernte hier meine Frau, Ute Scholz, kennen und zum anderen verließ den Verdener Stadtrat der Mut zur Courage.

Tatsächlich kann ich mir kaum einen schöneren und spannenderen Arbeitsplatz vorstellen. Keinen schöneren, denn ich „residiere" in der Bel Etage eines adeligen Herrenhofes aus dem 18. Jahrhundert. Keinen spannenderen, da die vielfältigen Sammlungen aus 120.000 Jahren (!) Geschichte, in vier Generationen von den Verdenern zusammengetragen, schon an sich eine Herausforderung darstellen. Und dann all die baulichen Nickeligkeiten, die ein Fachwerk mit über 300 Jahren Alter mit sich bringt!

So verhinderte die schlichte Tatsache, dass seit Erfindung der Elektrizität alle Bewohner des Hauses Stromleitungen nach eigenen Bedürfnissen gelegt hatten, lange die Internet-Fähigkeit des Hauses. Es wirkte wie ein Abschirmnetz. Erst ein aus London abgeforderter Experte spürte über vierzig stromführende Leitungen auf und eliminierte sie. Er verabschiedete sich mit den Worten: „Ich weiß nicht, wie viele es noch gibt!" Wir wissen es bis heute nicht ...

Natürlich sind Aufgaben wie diese nicht durch den seit 1918 existierenden Trägerverein allein zu stemmen. Landkreis und Stadt tragen nicht nur die laufenden Kosten des Museumsbetriebes, sondern sind in Notfällen durchaus zur Hilfe bereit, oft ergänzt durch die Stiftung der Kreissparkasse!

Und spätestens hier bin ich noch einem weiteren Förderer zu großem Dank verpflichtet: Als es Mitte der 1990er-Jahre wieder einmal sehr knapp wurde mit den geldlichen Mitteln, fanden sich auf Initiative und unter der Leitung des Verdener Unternehmers Wolfgang Reichelt namhafte Unternehmen und Unternehmer zusammen, gründeten den „Wirtschaftsförderkreis im Domherrenhaus e. V." und krempelten die Ärmel auf. Zusammen schufen wir in zahllosen Projekten das historische Schatzkästchen, als welches sich das Domherrenhaus den Besuchern heute weit über die Region hinaus präsentiert. Und öfter als einmal wurde ich bei der Vorstellung einer neuen Idee zurechtgewiesen, wenn die Sparsamkeits-Schere in meinem Kopf wieder einmal zu klein gedacht hatte: „Geld ist doch gar nicht Ihr Thema! Lassen Sie das unsere Sorge sein! Ihre Aufgabe ist es, uns gute Projekte vorzuschlagen!" Wenn ich das niedersachsenweit im Kollegenkreis berichte, fallen die vom Stuhl ...

Und ist Verden denn nicht all diese Anstrengungen wert? Ich brauche doch nur die Baulichkeiten und die Lage des Domes

Treffpunkt für Veranstaltungen: der Innenhof des Domherrenhauses

**ZUSAMMEN SCHUFEN WIR IN ZAHLLOSEN PROJEKTEN DAS HISTORISCHE SCHATZKÄSTCHEN, ALS WELCHES SICH HEUTE DAS DOMHERRENHAUS DEN BESUCHERN WEIT ÜBER DIE REGION HINAUS PRÄSENTIERT.**

anzuschauen, dazu einmal die Große Straße zum Rathaus gehen und habe in zehn Minuten das ganze Mittelalter in seinem jahrhundertelangen Ringen um die Vorherrschaft weltlicher und kirchlicher Macht erwandert. Gut, dass Heinrich der Löwe den Rathausplatz in seinen üblichen Maßen errichten ließ, damit die Stadtgründung betrieb und Verden in denselben Rang wie Braunschweig oder München erhob, wird durch den neuen Rathausplatz etwas verschleiert. Aber man kann ja weitergehen zur St.-Johannis-Kirche, zum Scharfrichterturm etc.

Das Bekenntnis der Verdener Bevölkerung zur Geschichte ihrer Stadt zeichnet sie aus. Energisch wurde die Fortsetzung einer szenischen Lesung über mittelalterliche Dokumente gefordert: Voilà, „Museumsgeister"! Oder die Domfestspiele: Aus einer Bierlaune heraus von Dieter Jorschik, Gerhard Teichmann und mir geboren, begeistern diese seit zwanzig Jahren ihr Publikum!

Dass zudem hier in der Provinz eine der bundesweit besten Karate-Trainerinnen, Ulrike Maaß, mich regelmäßig ins Schwitzen bringt, dass man es nie weit hat, um Großstadtluft zu schnuppern, dass insgesamt die Wege ins Grüne, zum Einkaufen etc. mit dem Rad oder gar zu Fuß getätigt werden können, dass der Verdener an sich freundlich und offen ist, kommen als „Sahnehäubchen" noch oben drauf! So werde ich vielleicht nie ein richtiger Verdener sein ... aber stets gerne hier leben!

## Anita Freitag-Meyer
# Entschlossen zurück nach Verden

**Als die Metropolen der großen weiten Welt lockten, kam ich zurück, um das Familienunternehmen zu übernehmen. Noch heute bin ich gern beruflich und privat weltweit unterwegs, immer in dem Wissen, dass meine Heimat auf mich wartet und Verden mich erdet.**

*Anita Freitag-Meyer* geb. 1969 in Verden, verheiratet, zwei Kinder | 1989 Auslandsaufenthalt in Paris | 1990 Ausbildung zur Industriekauffrau | seit 1993 Geschäftsführerin der Verdener Keks- und Waffelfabrik Hans Freitag GmbH & Co. KG | 1. Vorsitzende von VEREINBAR Unternehmensnetzwerk zur Gestaltung der Arbeitswelt e. V. | Mitglied im Zonta Club Verden sowie im Club europäischer Unternehmerinnen e. V.

Als ich im Sommer 1969 im Verdener Krankenhaus das Licht der Welt erblickte, waren die Amerikaner gerade auf dem Mond gelandet und in Woodstock läutete die Hippiebewegung ein neues Lebensgefühl von "Love, Peace and Happiness" ein. Meine sehr jungen Eltern ließen sich davon wenig beeindrucken, denn sie waren mit der Gründung ihrer Familie und mit der Führung unseres Unternehmens beschäftigt. In unserer Kleinstadt groß zu werden, habe ich als Kind als sehr frei und sicher empfunden. Wir drei Kinder durften früh schon sehr selbstständig sein, sind zu Fuß in die Schule gelaufen, haben uns nachmittags in der Nachbarschaft zum Spielen verabredet und alle Besorgungen in der Stadt erledigt. Die Aller war an jedem Wochenende der Mittelpunkt unserer Familienaktivitäten. Wir hatten ein kleines Boot im Wassersportverein und verbrachten jede freie Minute mit Freunden auf dem Fluss. Noch heute liebe ich Feierabendrunden mit dem Schlauchboot oder Stand-up-Paddel flussabwärts. Den Blick dabei über die Allerwiesen schweifen zu lassen, grasende Pferde und Kühe zu beobachten oder Jung und Alt beim Baden zu grüßen – all das bedeutet für mich Lebensqualität.

Natürlich hatte auch ich als junges Mädchen hochfliegende Träume von einem Leben in einer Metropole. Entertainment, Mode, Gastronomie – all das hatte meine Heimat nur sehr begrenzt zu bieten und so zog es mich direkt nach dem Abitur im Sommer 1989 für knapp ein Jahr nach Paris an die Sorbonne. Zum ersten Mal die große weite Welt! Als ich mit dem Entschluss zurück nach Hause kam, die Nachfolge in unserer Keksfabrik anzutreten, schrieb mein Vater doch tatsächlich in den Gesellschaftervertrag, dass ich nicht weiter als 50 km von Verden entfernt leben dürfe. Ich empfand das damals als sehr bevormundend, aber er sagte zu mir: „Wenn du hier im Tagesgeschäft die Chefin werden willst, dann kannst du das nicht mit Alsterblick tun, dann musst du hier vor Ort präsent sein und das bedeutet nun mal ein Leben in Verden." Als mir bewusst wurde, dass mein Weg mich immer wieder nach Verden führen würde, habe ich mich sehr schnell und mit großer Zustimmung damit arrangiert. Je älter ich wurde und je mehr Aufgaben ich im Unternehmen verantwortete, umso mehr lernte ich die Ruhe, die kurzen Wege, die langjährigen Freundschaften und Vertrautheiten zu schätzen. Besonders nach Businesstrips um die ganze Welt erdet es mich immer wieder, hier in Verden zu leben.

Dieser Stadt und diesem Landkreis etwas zurückzugeben – sei es als Unternehmerin, die ca. 330 Mitarbeiterinnen und Mitarbeitern ein verlässliches Einkommen bietet, oder mich ehrenamtlich zu engagieren – ist mir wichtig. Ich wähle die Projekte mit Sorgfalt aus, denen ich meine Aufmerksamkeit, Zeit und Geld widme. So bin ich seit Gründung im Jahr 2004 Mitglied im Zonta Club Verden, einem Serviceclub, der sich der Verbesserung der Stellung der Frau in Wirtschaft, Gesellschaft und Politik verschrieben hat. Frauenthemen liegen mir am Herzen: sei es die Förderung von Frauen im Beruf, die Gleichstellung von Mann und Frau, die Vereinbarkeit von Beruf und Familie. All das ist mir wichtig. Deshalb bin ich Vorsitzende des Unternehmensnetzwerks „Vereinbar e. V.", ein Zusammenschluss von kleinen und mittelständischen Unternehmen zur Gestaltung der Arbeitswelt. Ich kann hier gut

> **DIESER STADT UND DIESEM LANDKREIS ETWAS ZURÜCKZUGEBEN – SEI ES ALS UNTERNEHMERIN ODER EHRENAMTLICH – IST MIR WICHTIG.**

unterstützen mit Ideen und Haltungen aus der Perspektive der berufstätigen Mutter, die schon immer etwas erreichen wollte und daher oftmals viele Bälle gleichzeitig in der Luft halten musste. Wenn dabei die Kinder nicht auf der Strecke bleiben und ein Familienleben für alle Beteiligten harmonisch und erfüllend ist, nur dann kann eine Frau sich auch beruflich so stark reinhängen, wie ich es immer getan habe. Familien dabei zu unterstützen, den für sie individuell richtigen Weg einzuschlagen, dabei hilft „Die Familienwerkstatt" im Landkreis Verden. Ein weiteres meiner Projekte, bei dem ich von Herzen gerne Schirmherrin bin.

Im Landkreis Verden zu leben, hat in meinem Leben einen hohen Einfluss auf meine persönliche Zufriedenheit. Mein zweiter Sehnsuchtsort ist in Bayern, in Garmisch-Partenkirchen. Auch wenn ich dort ebenso gerne bin und manchmal schon davon träume, wie ich als alte Omi auf der Bank vor dem Haus sitze und auf die Berge schaue, so wird es nie eine Heimat werden können, denn die gibt es immer nur einmal. Meine Heimat ist Verden.

Eine kleine Badestelle am Fußweg entlang der Aller

*Jörk Hehmsoth*

# Es ist mir eine reine Freude

**Angefangen habe ich beruflich als Tischler, heute kann ich mir nichts anderes vorstellen, als Schäfer und Biolandwirt zu sein.**

*Jörk Hehmsoth* geb. 1967, aufgewachsen in Nindorf bei Langwedel, seit 2016 ledig, vier Kinder | Hauptschulabschluss in Langwedel | Tischlerlehre in Verden | seit rund 25 Jahren Schäfer und Biolandwirt

Als Kind in Nindorf aufzuwachsen, bedeutete für mich, draußen zu sein. Ich erinnere mich noch genau, wie ich mit Freunden Endwässerungsgräben aufstaute, die sich durch die Feuchtwiesen hinter meinem Elternhaus zogen.

So sahen wir zum ersten Mal Stichlinge und Gelbrandkäfer. Wir fühlten uns wie Entdecker, denn so merkwürdige Tiere hatte bestimmt noch niemand vor uns zu Gesicht bekommen! Diese und ähnliche Begebenheiten bereiteten sicherlich den Grundstock für meine tiefe Liebe zur Natur und den Wunsch, irgendwann mal etwas „anders" zu machen.

Mein Weg zum Schäfer verlief allerdings keineswegs geradlinig. Nach dem Hauptschulabschluss erlernte ich das Tischlerhandwerk, kaufte mein Elternhaus und ein Jahr später 1,5 Hektar Wiese dahinter. Eine Zeitlang wechselte ich in die Industrie, zu Mercedes in Bremen. Bis heute sage ich darüber: „Ich war jung und brauchte das Geld!" Damals erkannte ich mit Gewissheit, dass ich meine Tage nicht in einer Fabrikhalle ohne Sonnenlicht, sondern lieber draußen verbringen wollte.

Also kehrte ich zum Tischlerberuf zurück und bewirtschaftete nebenbei meine bescheidene Weidefläche mit allerlei Tieren: Enten, Gänse, Hähnchen, Hühner, Puten, Schweine und auch die ersten vier Heidschnucken. 1996 heiratete ich. Meine Frau brachte zwei Kinder mit in die Ehe, zwei gemeinsame folgten. Als Hausmann versorgte ich die Kinder, nebenbei baute ich die Landwirtschaft aus und mit Hilfe meiner Freunde ein Haus für meine Familie.

Schnell stellte sich heraus, dass ich mein Herz an die Heidschnucken verloren hatte. Diese vom Aussterben bedrohte Nutztierrasse ist so alt wie unsere Kulturlandschaft. Der Name Heidschnucke stammt aus dem Niederdeutschen („schnucken" bedeutet naschen), wie im Übrigen auch mein Familienname Hehmsoth (Hehm/Hemel = Himmel und Soth/Soot = Brunnen). Aus 56 Heidschnucken habe ich in den darauffolgenden Jahren eine Herde von 730 Muttertieren im Herdbuch und deren Nachzuchten gezogen.

Im Jahr 2007 bewirtschaftete ich meinen ersten Deich zwischen Wahnebergen und Westen. Es folgten der Weserdeich zwischen Stedorf und Hutbergen und der Allerdeich bei Verden, der Weserdeich zwischen Intschede und Oiste und seit zwei Jahren der Allerdeich bei Eissel. Entlang unserer schönen Flusslandschaften erfreuen sich mittlerweile viele Radwanderer am außergewöhnlichen Anblick der dort grasenden Heidschnucken. Viel wichtiger für den Landkreis Verden ist jedoch die Deichsicherheit: Nur Schafe halten einen Deich auf Dauer wehrhaft und schützen damit Hab und Gut.

Das zweite Standbein meines Biobetriebes ist das Hüten auf Naturschutzflächen in den Landkreisen Verden und Rotenburg. Dazu gehören auch das Verdener und das Quelkhorner Moor. Obwohl ich hier aufgewachsen bin, habe ich nicht gewusst, dass es bei uns eine derartig außergewöhnliche Landschaft gibt. Ich habe mich sofort verliebt! Inzwischen kümmern drei Angestellte, unsere sieben Hunde und ich uns um die Pflege der Kulturlandschaft, so, wie das Amt für Umwelt- und Naturschutz es wünscht. Es ist mir eine reine Freude: Mich Wetterlage und Jahreszeiten anzupassen, immer das letzte und das folgende Jahr im Blick zu behalten, das ist für mich Schäferei in Reinkultur – im Einklang mit der Natur.

Winterhütung auf der Heide, die Geburt der Lämmer in den Stallungen, Heuschnitt und Schafschur, Bildung der Bockgruppen für die Herdbuchzucht, Vorbereitung des Stalles für die Lämmer des folgenden Jahres … Trotz der vielen Arbeit und neuer Herausforderungen (Bürokratie, Flächenmangel, Wolf), die mein Leben nicht einfacher machen, bin ich immer noch gerne Schäfer. Da mein Sohn Heiner in Witzenhausen ökologischen Landbau studiert, besteht die Möglichkeit, dass meine Arbeit fortgeführt wird.

Während meiner Zeit als Tischler bin ich viel herumgekommen, in Deutschland und Europa. Trotzdem kann ich mir keinen anderen Ort zum Leben vorstellen: wegen des besonderen norddeutschen Menschenschlages und unserer wunderschönen Landschaft hier im Landkreis Verden.

**MICH WETTERLAGE UND JAHRESZEITEN ANZUPASSEN, IMMER DAS LETZTE UND DAS FOLGENDE JAHR IM BLICK ZU BEHALTEN, DAS IST FÜR MICH SCHÄFEREI IN REINKULTUR – IM EINKLANG MIT DER NATUR.**

AllerBus/AllerRad/AllerCar

# Eine gute Idee für die Zukunft der Mobilität

Betriebsgebäude in Verden

Hightech: Zweiwegefahrzeug und der erste Elektrobus

„Wir denken die Mobilität neu." So lautet das Credo der kreiseigenen Verkehrsunternehmen Verden-Walsroder Eisenbahn GmbH (VWE) und der Verdener Verkehrsgesellschaft mbH (VVG). Schon seit 1910 sorgt die VWE für die Mobilität der Menschen in der Region, seit 2011 sind die Busse unter dem gemeinsamen Markennamen „AllerBus" unterwegs. „Wir fühlen uns der Mobilität nicht nur durch unsere Daseinsvorsorge verbunden, sondern wir leben sie auch", betont Geschäftsführer Henning Rohde. „Mobilität ist allgegenwärtig, Mobilität verbindet", so Rohde. „Entscheidender Faktor für die Attraktivität des ÖPNV und der Ansporn zum Umdenken in der alltäglichen Fortbewegung ist die Reisegeschwindigkeit", ist er überzeugt.

Ziel von „AllerBus" ist es daher, durch die Vernetzung der Transportmittel die Reisekette sicherzustellen und so eine Alternative zum motorisierten Individualverkehr zu bieten. Innovationen wie moderne Niederflurlinienbusse, Echtzeitinformationssysteme und Anschlusssicherung sind heute Standard. Neue Antriebstechnologien sorgen dafür, dass der öffentliche Nahverkehr klimaneutral funktioniert. Der erste Elektro-Großraumlinienbus befindet sich bei „AllerBus" bereits im Einsatz. Außerdem verfolgt das Unternehmen den Fortschritt des Wasserstoffantriebs. Auch autonom gesteuerte Kleinbusse werden andernorts bereits getestet. Mit der 5G Technologie werden neue Möglichkeiten für die Mobilität im öffentlichen Nahverkehr erschlossen. Eine Illusion? „Nein, wir glauben an deren Fortentwicklung zu Gunsten der Mobilität", ist Henning Rohde überzeugt. „Mit unseren patentierten Marken AllerBus, AllerRad und AllerCar gestalten wir die Zukunft des öffentlichen Nahverkehrs im Landkreis Verden", fasst er zusammen.

Wichtige Voraussetzung für einen attraktiven ÖPNV ist eine funktionale Infrastruktur, die durch eine intelligente Steuerung Bussen und Straßenbahnen einen Vorteil verschafft. Die Verkehrsunternehmen verfügen über ein großes Know-how zum Betrieb von Infrastrukturen. Als Betreiber von zwei öffentlichen Eisenbahnstrecken in Verden und Dörverden verbinden die VWE und die WSG die Region auch auf dem Schienenweg mit dem transeuropäischen Eisenbahnnetz. Diverse Kunden mit einem Anschlussgleis nutzen die bimodale Güterumschlagsanlage in Verden und tragen so zur Entlastung der Straße und der Umwelt bei.

*Verden-Walsroder Eisenbahn GmbH*
*Verdener Verkehrsgesellschaft mbH*
www.allerbus.de

*Wirtschafts- und Strukturentwicklungsgesellschaft*
*Landkreis Verden mbH*
www.wsg.lk-verden.de
Moorstraße 2 a · 27283 Verden (Aller)

BerlinDruck GmbH + Co KG

# Printprodukte auf Weltreise

Mit Hochleistungsdruckmaschinen kann jedes Printprodukt bei BerlinDruck schnell und hochwertig hergestellt werden

Die Printprodukte von BerlinDruck werden weltweit ausgeliefert, je nach Bedarf der Kreuzfahrtschiffe

New York, Rio, Achim... und auch Berlin darf in dieser Aufzählung nicht fehlen. Genau genommen BerlinDruck aus Achim. Denn wer auf den großen Meeren dieser Welt unterwegs war, hat mit Sicherheit schon ein Stück BerlinDruck in Händen gehalten. Die Druckerei am Bremer Kreuz bezeichnet sich als „Papierflüsterer". Geschäftsführer und Inhaber setzen den Anspruch an sich selbst, durch stete Veränderung führende Druckerei in Nordwestdeutschland und darüber hinaus zu werden. „Wenn wir immer geblieben wären, wer wir waren, gäbe es uns heute wohl nicht mehr", resümiert Firmeninhaber Reinhard Berlin und spricht damit die eher unkonventionelle Art des Unternehmens an, auch für Spezialaufträge eine Lösung zu finden.

### SEIT MEHR ALS 20 JAHREN REISEN DIE BERLINDRUCK-PRINTPRODUKTE UM DIE WELT.

Der Kunde steht im Mittelpunkt: Bei BerlinDruck gibt es nichts, was nicht her- oder bereitgestellt werden kann. Egal wo! So kam der Industriebetrieb auf das Kreuzfahrtschiff. Mehr als 30 Prozent ihres Umsatzes macht die Druckerei heute mit der Ausstattung von Kreuzfahrtschiffen, denn an Bord helfen verschiedenste Printprodukte, dem Gast ein unbeschwertes Reiseerlebnis zu ermöglichen. Auf dem Weg zur Kabine nimmt er die ersten Prospekte mit, an der Kabinentür wird er von einem Türschild begrüßt. In der Kabine wartet bereits die Infomappe auf die Gäste und auch für die Wein- oder Speisenauswahl wird eine Karte zu Hand genommen, made in Achim, printed by Berlin. Hinter diesem scheinbar einfachen Gästeerlebnis stecken ein hoher logistischer Aufwand für BerlinDruck und eine starke strategische Planung. Jeden Donnerstag werden die Schiffe weltweit beliefert. Eine einfache Aufgabe im Vergleich zu kurzfristigen Anfragen, welche ebenfalls schnell bedient werden müssen. Eine E-Mail aus Singapur mit der Bitte um Nachschub für den nächsten Tag bringt die Mitarbeiter von BerlinDruck aber schon lange nicht mehr ins Schwitzen. Zollrecht, internationaler Logistikaufwand, Vorratslagerung – „damit beschäftigt sich kein normaler Drucker", sagt Reinhard Berlin. Er und seine 50 Mitarbeiter haben sich tief in die Materie eingearbeitet, um auch diesen Kundenwunsch zu erfüllen. Erfolgreich möchte man meinen – seit mehr als 20 Jahren reisen die BerlinDruck-Printprodukte bereits um die Welt. Start bleibt jedoch immer der BerlinDruck-Heimathafen am Bremer Kreuz in Achim.

*BerlinDruck GmbH + Co KG*
Oskar-Schulze-Straße 12 · 28832 Achim
www.berlindruck.de

dodenhof Posthausen KG

# Einkaufen erleben im größten Shopping-Center des Nordens

Die Geschichte von Norddeutschlands größtem Shopping-Center ist ebenso faszinierend wie einzigartig: Alles begann im Jahr 1910 mit dem Gemischtwarenladen von Hermann und Marie Dodenhof, in dem es alles gab, was die Landbevölkerung brauchte – von Schaufeln und Gießkannen bis zu Nahrungsmitteln, Stoffen und Zwirn. Wäre es für die Gründergeneration möglich, heute – nach 110 Jahren – zu sehen, was für ein Unternehmen sich daraus entwickelt hat, könnten sie es wahrscheinlich nicht glauben. Das Unternehmen wird in mittlerweile vierter Generation von der Familie Dodenhof geführt und verfügt am Stammsitz in Posthausen über 125.000 Quadratmeter Verkaufsfläche, bietet im gesamten Center 1.800 Arbeitsplätze und ist für die Menschen der Region der Anziehungspunkt, wenn es ums Shoppen und Erleben geht. Ein weiterer Standort befindet sich im schleswig-holsteinischen Kaltenkirchen.

dodenhof ist ein Unternehmen, das schon immer Maßstäbe in der Handelsbranche gesetzt hat. Der individuelle Charakter mit einer unglaublichen Vielfalt unter einem Dach ist seit jeher wichtiger Baustein des Erfolgs. Ein weiterer ist die innovative, über die Jahrzehnte immer wieder neu an die Bedürfnisse der Kunden ausgerichtete Unternehmensphilosophie. Nach der Gründerzeit entwickelten Alfred und Betty Dodenhof das „Kaufhaus im Moor" mit einem preisgünstigen und vielfältigen Warensortiment. Die dritte Generation mit Hermann und Gloria Dodenhof setzte die begonnene Erweiterung zur „Einkaufsstadt, die alles hat" fort und führte ein differenziertes und qualitativ hochwertiges Warenangebot ein. Ralph Dodenhof führte das Unternehmen als vierte Generation erfolgreich ins 21. Jahrhundert mit all seinen Ansprüchen des digitalen Zeitalters und den veränderten Rahmenbedingungen im Kaufverhalten seiner Kunden. Er entwickelte den Standort vollends zum größten Shopping-Center des Nordens. So ist es heute nicht

dodenhof: Vom Gemischtwarenladen zum größten Shopping-Center Norddeutschlands

LANDKREIS VERDEN – GANZ PERSÖNLICH

mehr nur das vielfältige Sortimentsangebot von Mode, Sport, Lifestyle, Technik oder einer GenießerWelt, das die Menschen bei dodenhof begeistert. „Einkaufsstätten werden immer mehr zu Begegnungsstätten und zu Orten der Freizeitgestaltung", erläutert Ralph Dodenhof, geschäftsführender Gesellschafter. Und daher lautet seine klare Vision: „Wir entwickeln uns vom größten Shopping-Center im Norden zur größten Shopping- und Erlebniswelt im Norden."

Dazu zählen attraktive gastronomische Angebote ebenso wie die Ansiedlung von Anbietern im Sport- und Fitnessbereich. Ferner investiert dodenhof derzeit in den Umbau und die Modernisierung der GenießerWelt und schafft stets neue Highlights im

## WIR ENTWICKELN UNS VOM GRÖßTEN SHOPPING-CENTER DES NORDENS ZUR GRÖßTEN SHOPPING- UND ERLEBNISWELT DES NORDENS.

Event- und Aktionsprogramm. Alles für das Ziel, den Besuchern den Aufenthalt und damit das Freizeitvergnügen so abwechslungsreich wie möglich zu gestalten. Das beginnt bei der verkehrsgünstigen Anbindung mit je einer Autobahnabfahrt von der A 1 und der A 27, den mehr als 5.000 kostenlosen Parkplätzen und mündet in ein breites Dienstleistungs- und Serviceangebot vom Online-Shop über Private Shopping bis zu den zahlreichen Großevents in den Häusern und auf den Vorplätzen des Centers. Über die dodenhof card hat das Familienunternehmen zudem ein umfangreiches VIP-Programm aufgesetzt, das weitere spezielle Services und besondere Events im exklusiven Rahmen beinhaltet.

Auf dem Centergelände hat sich dodenhof parallel auch als Fachmarktzentrum einen Namen gemacht: Vom OBI Baumarkt bis zum Futterhaus sowie dem dodenhof Mode- und Sportoutlet oder dem 40.000 Quadratmeter großen XXXLutz dodenhof Einrichtungshaus deckt das Center zahlreiche Sortimentsbereiche ab.

**Nicht nur einkaufen, auch Erlebnisse in Form von attraktiven Events schaffen – das ist der Weg, den dodenhof eingeschlagen hat**

„Campus d" – mit der Wohnanlage inmitten der Ortschaft Posthausen setzt dodenhof Maßstäbe und gewinnt vor allem bei Auszubildenden an Attraktivität

### Campus d – Wohnanlage für Mitarbeiter

*Die Auszubildenden von dodenhof sind die Zukunft des Unternehmens. Und das ist der Grund, warum im Familienunternehmen in Posthausen vielleicht ein bisschen mehr als in vielen anderen Unternehmen investiert wird, um den jungen Menschen bestmögliche Rahmenbedingungen für ihren Start ins Berufsleben zu ermöglichen. Zukunftweisendes Projekt ist der „Campus d", eine moderne Wohnanlage mit insgesamt 28 Appartements, die ausschließlich Mitarbeitern zur Verfügung stehen.*

*Mitten in Posthausen, in direkter Nähe zum Shopping-Center, hat dodenhof den „Campus d" errichtet und bietet dort in erster Linie für die Auszubildenden bezahlbaren Wohnraum. Die Appartements im „Campus d" verfügen über 20 Quadratmeter und sind modern und zweckmäßig eingerichtet – inklusive einer Kitchenette und Bad.*

*Bei dodenhof werden derzeit insgesamt fast 100 junge Menschen ausgebildet. Sie lernen in den verschiedenen Berufsbildern Verkäufer/in, Kaufleute im Einzelhandel, Kaufleute für Büromanagement, Kaufleute im e-Commerce sowie Gestalter für visuelles Marketing. Auch Fleischer bzw. Fleischereifachverkäufer kann dodenhof ausbilden.*

**dodenhof Posthausen KG**
Posthausen 1 · 28870 Ottersberg-Posthausen
www.dodenhof.de

Focke & Co.

# Kein Aufwand zu hoch für Focke-Nachwuchs

Ein Tag Ende Juli: Mitten in den Sommerferien geht es fast beschaulich zu im Ausbildungszentrum der Firma Focke & Co. in Verden. Nur wenige Stationen im Gebäude sind besetzt, eine Handvoll junger Leute wirkt fast verloren in der 849 qm großen Werkhalle. Doch der Eindruck täuscht: In rund einer Woche wird wieder rege Betriebsamkeit Einkehr halten in die moderne, 2013 errichtete „Nachwuchsschmiede" – dann nämlich, wenn das neue Ausbildungsjahr beginnt.

Im Ausbilderbüro, erreichbar über eine Treppe, lässt sich der Neuanfang bereits erahnen. Auf einem Tisch in der Mitte, ordentlich aufgereiht, stehen Willkommensgeschenke für die jüngste Focke-Generation bereit: 20 Schulabgänger, die drauf und dran sind, ihr erstes Lehrjahr beim weltweit agierenden Verpackungsmaschinenbauer zu beginnen.

Die personalisierten Begrüßungspakete, die unter anderem ein Werkzeug-Starter-Set für die verschiedenen Ausbildungsgänge enthalten, sprechen eine deutliche Sprache: Hier wird auf höchstem Niveau eine Menge Zeit und Aufmerksamkeit in jeden Einzelnen investiert. „Respekt den jungen Leuten gegenüber, der fängt hier an", sagt Personalleiter Stefan Mazurkowski. „Schließlich begleiten wir sie auf einem wichtigen Schritt ins Leben – vom Jugendlichen zum jungen Erwachsenen."

Mit 1.300 Beschäftigten gehört Focke zu den größten Arbeitgebern in Verden, die Ingenieurskunst von der Aller wird in alle Welt exportiert. Mazurkowski denkt jedoch in einer anderen Kategorie: Attraktivität. „Die demografische Entwicklung verstärkt den Fachkräftemangel. Deswegen müssen wir mehr tun, um uns als erstklassiger Arbeitgeber zu positionieren – und gute Leute an uns zu binden."

Dieser Mehraufwand beginnt schon mit der Akquise geeigneter Ausbildungskandidaten. Um möglichst viele potenzielle Interessenten zu erreichen, verlässt Focke sich nicht auf Mund-zu-Mund-Propaganda. Stattdessen besucht man Schul- und Ausbildungsmessen, beteiligt sich am jährlichen Zukunftstag, wirbt im Internet und sogar im Kino. Wer gute Schulnoten mitbringt und die spezifischen Einstellungstests meistert, hat als Bewerber eine Chance.

Die Jüngsten beginnen ihre Lehre bei Focke mit 15 Jahren. Im Schnitt sind die Anfänger jedoch 16 oder 17 Jahre alt, Industriekaufleute starten in der Regel noch etwas älter. Insgesamt lernen 80 Azubis in acht Ausbildungsberufen hier ihr künftiges Handwerk – vom „Elektroniker für Automatisierungstechnik" über den „Technischen Produktdesigner" bis zum „Zerspanungsmechaniker". Hinzu kommen vier duale Studiengänge: Maschinenbau, Elektrotechnik, Informatik, Betriebswirtschaft.

Frauen machen aktuell 15 bis 20 Prozent der Focke-Beschäftigten aus. Diese Quote soll in Zukunft größer werden, denn: „Gesunde Unternehmen profitieren von einem ausgewogenen Geschlechterverhältnis", sagt Mazurkowski. Darum bemühen sich die Personaler besonders um weibliche Bewerber.

Das Ausbildungszentrum ist mit getrennten Duschen und Umkleiden bestens darauf eingerichtet. Ein geschützter Bereich soll es sein, in denen die jungen Menschen sich möglichst gut entfalten können. Dafür sorgen auch eine überdurchschnittliche Ausbildungsvergütung (1.070 € im ersten Lehrjahr, 1.290 € im vierten) sowie zusätzliche Annehmlichkeiten wie ein Kaffeeautomat oder der Zuschuss zum Kantinenessen. Fünf hauptamtliche Ausbilder begleiten die Azubis intensiv bis zu ihrer Prüfung. Es sind erfahrene Meister und Experten, die teilweise auch im IHK-Prüfungsausschuss sitzen. Eine spezielle Ausbildungssoftware hilft ihnen, jeden ihrer Schützlinge auch digital im Blick zu behalten.

Zurück in die Werkhalle: Bald werden die Fachkräfte von morgen hier die ersten wichtigen Lektionen fürs Berufsleben lernen: Pünktlichkeit gehört genauso dazu wie Materialkunde, Ordnung am Arbeitsplatz genauso wie die Erkenntnis, dass Leistung sich lohnt. Die „Hall of Fame" im Eingangsbereich des Ausbildungszentrums, die den hervorragenden Absolventen eines Jahrgangs gewidmet ist, ist nur ein Beispiel für diese Unternehmenskultur. Weiteren Ansporn bieten monetäre Vergütungen für gute Abschlüsse – und eine zwölfmonatige

**RESPEKT DEN JUNGEN LEUTEN GEGENÜBER FÄNGT HIER AN. SCHLIESSLICH BEGLEITEN WIR SIE AUF EINEM WICHTIGEN SCHRITT INS LEBEN – VOM JUGENDLICHEN ZUM JUNGEN ERWACHSENEN.**

Übernahmegarantie für alle, die bei der Prüfung besser als 3 abschneiden.

Im Idealfall werden die Besitzer der bereitstehenden Begrüßungspakete viele Jahre für das Familienunternehmen produktiv sein. Dann hat sich der hohe Ausbildungsaufwand bezahlt gemacht.

*Focke & Co. (GmbH & Co. KG)*
Siemensstraße 10 · 27283 Verden (Aller)
www.focke.com

*Kyra Klaft*

# Dem WSV Verden bleibe ich treu

Als Zehnjährige war ich ein richtiger Sportmuffel. Bis ich an einer Kanu-Freizeit in den Sommerferien teilnahm. Zwei Jahre später peilten wir die Deutsche Meisterschaft an.

**Kyra Klaft** geb. 2000 in Verden, heute wohnhaft in Hohenverbergen | nach dem Besuch der Grundschule Luttum 2011 Wechsel auf das Gymnasium am Wall in Verden | 2016 Umzug ins Lotto Sportinternat und Wechsel auf die Humboldtschule in Hannover | 2011 angefangen mit Paddeln beim WSV Verden | 2013 Deutsche Meisterin und Bronzemedaillengewinnerin auf der Deutschen Meisterschaft | 2014 Bronze auf der Deutschen Meisterschaft | 2016 Bronze bei den Olympic Hope Games in Ungarn | 2017 Platzierungen (5., 6. und 7. Platz) bei den Olympic Hope Games in Tschechien | 2018 Platzierungen (6. und 8. Platz) im Finale bei der Junioren Europameisterschaft in Italien | 2018 zweifache Deutsche Vizemeisterin | Sportlerin des Jahres im Landkreis Verden

Als Kanutin im Landeskader kommt man viel herum: Qualifikation in Duisburg, Wettkampf in Italien, Trainingslager in Südafrika oder Polen, Kulturaustausch in Japan. Mein Alltag spielt sich im Sportinternat in Hannover ab. Deswegen schaffe ich es manchmal nur einmal im Monat, nach Hause zu kommen, nach Hohenverbergen, zu meiner Familie. Aber diese Zeit genieße ich dann sehr.

An „Hohen" gefällt mir, dass alles direkt vor der Haustür liegt. Wir haben eine tolle Dorfjugend, und innerhalb von fünf Minuten kann man seine Freunde um sich haben. Außerdem freue mich immer darauf, mal wieder zu Hause zu trainieren. Nicht nur, weil ich hier mit meinem eigenen Boot fahren kann, sondern vor allem, weil mich das an meine Anfänge als Kanutin erinnert: Daran, wie ich 2011 an einer Sommerferien-Kanu-Freizeit teilgenommen hatte, und was sich daraus alles entwickelt hat. Damals war ich zehn Jahre alt und ein ziemlicher Sportmuffel, aber auf dem Wasser änderte sich das schnell.

In meinem ersten Jahr im Wassersportverein (WSV) Verden stand noch der Spaß im Vordergrund. 2012 war bereits meine erste richtige Wettkampfsaison. Und dann hieß es: „Jetzt peilen wir die Deutsche Meisterschaft an." 2013 war es soweit: Ohne die nationale Konkurrenz zu kennen, gewann ich in Köln den Titel über 1.000 Meter in der jüngsten Altersklasse (Schüler A). Bis heute zählt dieser Sieg zu meinen größten Erfolgen.

Als zweiten Höhepunkt sehe ich persönlich die Europameisterschaft 2018 im italienischen Auronzo di Cadore, als ich es im Einer in die Finalrunde schaffte. 2018 brachte außerdem zwei deutsche Vizemeister-Titel in Hamburg über 1.000 und 500 Meter – Letzterer für mich total unerwartet. Der Einer ist meine liebste Disziplin. Natürlich gebe ich auch im Zweier oder Vierer alles, aber im Herzen bin ich wohl eine Einzelkämpferin. Ich weiß dann, dass ich mich ganz auf mich verlassen muss, und ich muss mir keine Sorgen machen, dass ich meine Mitstreiter enttäuschen könnte.

Jeden Tag verbringe ich zwei bis drei Stunden auf dem Wasser. In Hannover trainieren wir auf einem Kanal. Das sind aus sportlicher Sicht optimale Bedingungen, aber viel schöner ist es doch auf der Aller. Unsere Flusslandschaft ist für Kanuten

Historische Eichenallee von Kirchlinteln nach Kükenmoor

ein großer Luxus. Vielerorts müssen sie auf einem See trainieren und dann alle zwei Kilometer umdrehen. Auf der Aller könnten wir theoretisch 40 Kilometer am Stück paddeln. Meistens fahren wir aber die Strecke für die „Grundausdauer 1", das sind zehn Kilometer. Für die brauchen wir etwa 50 Minuten.

Dass wir Kanuten jeden Tag draußen in der Natur unterwegs sein dürfen, ist auf jeden Fall ein Argument für unseren Sport. Vor allem, wenn wir morgens unterwegs sind: Wenn der Frühnebel über dem Wasser liegt und wir in die aufgehende Sonne fahren – das sind Momente, die gehören uns ganz allein. Dafür nehme ich auch die Schmerzen in Kauf, die ich an frostigen Tagen bekomme, wegen der durchgefrorenen Finger (ich muss beim Paddeln nämlich immer meine Hände sehen, deswegen kann ich dabei keine Handschuhe tragen). Solange ich mit anderen zusammen trainiere, achte ich überwiegend auf die Technik. Aber wenn ich alleine fahre, geht mir alles Mögliche durch den Kopf. Zum Beispiel, was ich mache, wenn ich eines Tages mit dem Leistungssport aufhöre. Eins weiß ich genau: Dem WSV Verden will ich auf jeden Fall treu bleiben – am liebsten als Trainerin oder Rennsportwartin, damit ich ganz viel Nachwuchs fürs Kanufahren begeistern kann. Als junger Mensch kann man aus dem Training so viel mitnehmen: Gesundheit, Disziplin, Strategien zur Konfliktbewältigung ... Ich sehe ja, was das Kanufahren mit mir gemacht hat. Das möchte ich gerne weitergeben.

**WENN DER FRÜHNEBEL ÜBER DEM WASSER LIEGT UND WIR IN DIE AUFGEHENDE SONNE FAHREN – DAS SIND MOMENTE, DIE GEHÖREN UNS GANZ ALLEIN.**

Eine kleine Ruhezone in der Badener Marsch

LANDKREIS VERDEN – GANZ PERSÖNLICH

*Dr. Stefan Krolle*

# Für Cato – und gegen das Vergessen

**Für mich als gebürtigen Rheinländer bedeutete der Norden zunächst einen Kulturschock. Aber ich bin trotzdem geblieben – und 2009 als Schulleiter in Achim an einer ganz besonderen Schule gelandet.**

**Dr. Stefan Krolle** *geb. 1957 in Düsseldorf, verheiratet, zwei Kinder | Zivildienst in einer Hamburger Werkstatt für Behinderte | Studium der Fächer Biologie, Geschichte, Erziehungswissenschaften und Sozial- und Wirtschaftsgeschichte | neben dem Studium Erzieher in der geschlossenen Frauenpsychiatrie Alsterdorf in Hamburg | Referendariat in Hamburg | Dissertation in Bochum | Fachbereichsleiter Naturwissenschaften der IGS-Osterholz-Scharmbeck | Sportlehrer Förderschule Osterholz-Scharmbeck | Oberstufenkoordinator KGS-Tarmstedt | seit 2009 Direktor am Cato Bontjes van Beek-Gymnasium Achim | Gründung des Cato Bontjes van Beek-Archivs Achim und ehrenamtliche Mitarbeit bis heute | Preisträger des Henning von Burgsdorff Preises, 2012 erster Preis für Idee und Gestaltung des Cato Archivs im Cato Bontjes van Beek-Gymnasium Achim*

Man sagt, den Rheinländer zeichnen Toleranz, Lebensfreude und Kauzigkeit aus. In meinem Fall kommt auch noch eine Leidenschaft für Geschichte hinzu. Vielleicht liegt es daran, dass ich am linken Niederrhein aufgewachsen bin, in dem geografischen Gebiet, in welchem Napoleon Bonaparte 1804 den Code Civil einführte. Als eines der ersten Gesetzbücher zum Zivilrecht war es ein Werk von historischer Bedeutung, das zum Vorbild für viele andere Länder wurde.

# DR. STEFAN KROLLE

Restaurant „Alte Feuerwache" in Achim

Das Zigarrenmacherdenkmal vor dem Rathaus in Achim

**ZUM KONZEPT GEHÖRT, DASS WIR DIE ARCHIVENTWICKLUNG IN DIE HÄNDE DER JUNGEN LEUTE GELEGT HABEN. UND WIE SEHR UNSERE JUGENDLICHEN SICH EINBRINGEN, WENN WIR DEN RAHMEN BIETEN UND DER KREATIVITÄT FREIEN LAUF LASSEN, DAS FREUT MICH UNGEMEIN.**

Als Junge bin ich mit meinen Brüdern stundenlang durch die Wälder im Hunsrück gestreift. Wir haben am Lagerfeuer übernachtet, dem Klang der Natur gelauscht, eine schier unendliche Freiheit genossen. Dort befindet sich auch die Burg Waldeck, wo vor 100 Jahren junge Menschen den Jungenbund „Nerother Wandervogel" aufbauten, um der Jugend nach dem Ersten Weltkrieg neue Freiräume zu bieten. Der NS-Staat verbot und verfolgte diese Gruppe ab dem Jahr 1934, nach dem Zweiten Weltkrieg bauten die Überlebenden die Burg wieder auf. 1964 veranstaltete die Nachfolgeorganisation das erste Folklore-Festival „Chanson Folklore International". Ich habe die Festivals dort alle miterlebt, und diese Erfahrung hat mich sehr geprägt. Ich bin dort Mitglied und habe 1984 die Gründung eines Archivs initiiert. Meine Staatsexamensarbeit und meine Dissertation habe ich über die Geschichte dieser Burg Waldeck geschrieben. Dabei habe ich als einer der ersten Historiker in Deutschland Zeitzeugeninterviews mit den Gestapo-Personenakten verglichen und analysiert. Das dort gesungene Liedgut (8.350 Lieder) habe ich analysiert und historisch eingeordnet. Den Gründer des Nerother Wandervogels, Robert Oelbermann (gestorben 1941 im KZ Dachau), konnte ich mit meinen Arbeiten rehabilitieren.

Noch während meiner Schulzeit zog meine Familie nach Hamburg um. Der Umzug bewirkte einen Kulturschock: Die Norddeutschen, stellte ich fest, waren nicht so entspannt wie wir Rheinländer. Aus der Tatsache, dass viele meiner Mitschüler in der Schule scheiterten, schloss ich, dass junge Menschen gute Lehrer brauchen. Aus diesem Grund habe ich Höheres Lehramt studiert. Meine Fächer: Geschichte, Biologie und Pädagogik. Nach diversen Stationen in meinem Beruf darf ich seit dem Jahr 2009 das Cato Bontjes van Beek-Gymnasium in Achim leiten. Ich mache das mit großer Freude, da ich mit einem sehr engagierten Kollegium in einem zuverlässigen Team zusammenarbeite. Diese Schule ist etwas Besonderes – nicht nur, weil sie so groß und seit Jahrzehnten erfolgreich ist, sondern vor allem, weil sie in der Tradition des demokratischen Widerstandes gegen Tyrannei und Unmenschlichkeit steht.

2010 stand der 90. Geburtstag unserer Namenspatronin an – der couragierten jungen Frau aus Fischerhude, die zum Widerstand gegen die Nationalsozialisten aufgerufen hatte und dafür im Alter von nur 22 Jahren hingerichtet wurde. Ihrem Bruder, Tim Bontjes van Beek, versprach ich damals, das Andenken an seine Schwester zu wahren und ein Archiv gegen das Vergessen einzurichten. Sie selbst hat einmal gesagt: „Ihr sollt wissen, wie es war, falls ich es Euch nicht mehr erzählen kann." Tim Bontjes van Beeks Vertrauen musste ich mir zunächst erarbeiten. Erst nach vielen Besuchen und Gesprächen erklärte er sich bereit, mir seinen wertvollen Fundus auszuleihen, ein ganzes Regal voller Ordner. Anderthalb Tage: Länger blieb uns nicht, um alles zu sichten und Kopien anzufertigen. Den Grundstock für das Archiv bilden Fotos und Briefe aus dem Besitz der Familie sowie Tausende Seiten von Dokumenten aus verschiedenen Quellen.

Bei der feierlichen Einweihung im April 2012 war Catos Bruder der Erste, der hineindurfte. Der alte Herr war tief ergriffen. Ich konnte an seinen Tränen entlanggehen. Damals ahnten wir noch nicht, welche Zugkraft unsere Sammlung entwickeln würde: In nur sieben Jahren haben 3.000 Menschen das Cato-Archiv an unserer Schule besucht. Die Bundeszentrale für Politische Bildung zertifizierte die Einrichtung als „Ort des

Erinnerns" und in Zusammenarbeit mit dem Landesfrauenrat in Niedersachsen weisen wir auch den „Frauenort" aus. Jeder, der Einblick erhalten möchte, erhält einen Termin. So haben wir bereits die unterschiedlichsten Menschen hiergehabt: Schulklassen und hochbetagte Zeitzeugen, Studienseminare und Historiker, Journalisten und Frauenbeauftragte. Längst füllen die Exponate mehrere Räume. Es gibt 140 Bilderrahmen, mehrere hundert Bücher sowie alle Briefe von Cato. Zum Konzept gehört, dass wir die Weiterentwicklung in die Hände der jungen Leute gelegt haben. Und wie sehr unsere Jugendlichen sich einbringen, wenn wir den Rahmen bieten und der Kreativität freien Lauf lassen, das freut mich ungemein. In einem Raum haben die Schüler eine Gefängniszelle nachgebaut, um das Gefühl des Freiheitsentzugs besser nachempfinden zu können. Seit einiger Zeit gibt es eine Wanderausstellung mit 20 Roll-ups, die in ganz Deutschland angefordert werden kann. Und ein begabter Schüler hat Catos Geschichte zu einer kunstvollen Graphic Novel verarbeitet, die im kommenden Jahr als Buch erscheinen wird und bereits 200 Vorbestellungen hat.

Während meiner Studienzeit habe ich mehr als fünf Jahre in Hamburg in den Alsterdorfer Anstalten gearbeitet, das heißt in der geschlossenen Frauenpsychiatrie. Bis dato hatte ich mir gar nicht vorstellen können, dass so ein Elend existiert. Viele der Patientinnen waren hochbetagt und seit den 30er- und 40er-Jahren dort untergebracht. Zu meinen Aufgaben gehörte es auch, die alten Damen zu waschen. So fielen mir die Narben auf, die von Zwangssterilisationen und anderen Missetaten der NS-Ärzte zeugten. Auch Cato Bontjes von Beek wurde zum entwürdigten Forschungsobjekt. Erst vor wenigen Wochen, 76 Jahre nach ihrem Tod, sind Sezierschnitte ihrer Organe beerdigt worden – Beweis dafür, wie erschreckend aktuell dieser Teil unserer Vergangenheit immer noch ist. Die Präparate waren im Keller des ehemaligen Leiters der Anatomie in der Berliner Charité, Hermann Stieve, gefunden worden. Mitunter treibt die Vergangenheit aber auch skurrile Blüten: So rief mich vor einiger Zeit ein Mann an, ohne seinen Namen zu nennen. Er sagte, er habe etwas für das Archiv, und bestellte mich auf den Parkplatz einer Autobahnraststätte. Neugierig ließ ich mich auf die konspirative Übergabe ein. Am Treffpunkt überreichte der Mann mir wortlos eine Aldi-Tüte, die einen Gauleiter-Kopf aus Bronze enthielt – eine echte Rarität unter den NS-Devotionalien.

Meine Aufgabe als Lehrer habe ich immer sehr gern wahr- und die Herausforderung angenommen. Ich glaube, nur so kann man junge Leute dazu erziehen, ihre Freiheit verantwortungsvoll zu gebrauchen. Unser Cato-Archiv zeigt, dass Schüler durchaus bereit sind, Zeit und Mühe in ein Projekt zu investieren und Verantwortung zu übernehmen. Mein Wunsch ist, dieses Archiv in gute Hände zu legen, wenn ich in Pension gehe.

**Viele historische Gebäude prägen das Ortsbild von Fischerhude**

*Günter Lühning*

# Ein lebenswerter, zukunftsfähiger Landkreis

**Seit bald 60 Jahren fühle ich mich mitten in Niedersachsen sehr wohl. Seit über 40 Jahren immer der gleiche Arbeitgeber – immer nur im Landkreis Verden. Langweiler? – kann sein, ist mir aber egal.**

*Günter Lühning geb. 1961, verheiratet, zwei Söhne | nach dem Realschulabschluss in Verden 1978 bis 1981 Ausbildung zum Sparkassenkaufmann bei der Kreissparkasse | Grundwehrdienst in Oldenburg und Achim | bis 1990 Kundenberater, später Firmenkundenberater in Verden und Langwedel | Studiengang zum Sparkassenbetriebswirt an der Sparkassen-Akademie in Hannover | 1991 bis 2001 Filialdirektor in Blender, danach bis 2011 in Oyten, jetzt stellvertretender Regionaldirektor Firmenkunden für die Nordkreis-Kommunen Achim, Oyten, Thedinghausen, Ottersberg | ehrenamtlich aktiv seit 1981, zunächst im Schützenverein, später Kreispressewart im Kreisschützenverband Verden | seit 1992 1. Vorsitzender des Heimat- & Fährverein Otersen e. V. | Kommunalpolitiker seit 1991 | 1997 Initiator Aller-Radweg und Solar-Allerfähre Otersen-Westen | Initiator und Vorsitzender Dorfladen „von Bürgern für Bürger" in Otersen seit 2001, Vorsitzender der Dorfladen-Bundesvereinigung seit 2016*

Geboren in der Kreisstadt, aufgewachsen in der Gemeinde Kirchlinteln, Schulabschluss in Verden, Ausbildung im Südkreis. Meine „berufliche Wanderung" durch den Landkreis begann in Verden, es folgte Langwedel, dann der Wechsel auf die andere Seite der Weser in die Samtgemeinde Thedinghausen. Fast elf Jahre später ging es hoch hinauf in den Nordosten unseres Landkreises – als Filialdirektor nach „Boom-Town" Oyten. Nach weiteren 13 Jahren dann der Wechsel nach Achim, in die größte Stadt in unserem Landkreis im direkten Speckgürtel der Hansestadt Bremen.

Besonders wohl fühlte ich mich beruflich in der Wesermarsch im Landkreis Verden: als junger Filialdirektor für die Gemeinden Blender und Morsum. Hier habe ich mich über meine beruflichen Belange hinaus engagiert, z. B. bei der Restaurierung der Blender Mühle, heute ein Wahrzeichen in der Wesermarsch. Fünf berufliche Wirkungsstätten im Kreisgebiet bedeuteten für mich stets neue Herausforderungen, denn im Speckgürtel um Bremen ist unser Landkreis anders ausgeprägt als in dünner besiedelten ländlichen Räumen im Südkreis. Diese beruflichen Herausforderungen und die Beratung des heimischen Mittelstandes sind seit Jahrzehnten „mein Ding". Bei meinen Fahrten durch unseren lebenswerten Heimatkreis mit vielfältigen Landschaften an Aller, Weser und Wümme ist an vielen Ort sichtbar, woran ich mitwirken durfte: Hier die vielen finanzierten Wohnhäuser, dort die kleinen und großen Gewerbehallen und Bürogebäude – für die ich zinsgünstige Förderdarlehen beschaffen durfte. Der Blick auf Existenzgründer, die 20 bis 30 Jahre später bedeutende Unternehmer mit 60 oder über 100 Arbeitsplätzen geworden sind, sorgt für Genugtuung. Alle Mittelständler und deren

Die Allerfähre Otersen-Westen ist bei Radlern sehr beliebt

Mitarbeiter leisten ihren Beitrag für einen der wirtschaftlich stärksten Landkreise in Niedersachsen – für unseren Landkreis Verden, in dem fast Vollbeschäftigung herrscht.

Die Zukunft in der Heimatregion positiv zu gestalten, sehe ich auch ehrenamtlich als eine wichtige Aufgabe. Ehrenamtliches Engagement lohnt sich. Wirklich. Als junger Vater habe ich mich ab 1990 für den Bau eines Radweges entlang der Landesstraße L 159 im Südkreis engagiert. Dieser wurde 1994 gebaut. Und weil dieser Radweg eine Lücke schloss, schlug ich 1996 den Aller-Radweg, den ersten ausgeschilderten Radweg in unserem Landkreis durch vier Gemeinden in zwei Landkreisen, vor. Eingeweiht wurde der Aller-Radweg 1997, auf dem jährlich rund 10.000 Rad-Touristen beidseits der Aller radeln. „Es wäre doch schön, wenn es die alte Fähre zwischen Otersen und Westen wieder geben würde" – gesagt, getan. Am 1. Mai 1997 hatte die neue Solar-Allerfähre ihren ersten Fährtag. Über 115.000 Radler wurden seither mit der Kraft des Ehrenamtes und der Sonne über den Fluss befördert. Wir haben angeknüpft an die alte Fähr-Tradition (1600 bis 1967), leiteten aber schon 1997 unsere Energiewende ein. Denn angetrieben wird unsere Solar-Allerfähre mit einem umweltfreundlichen Elektromotor, der zu 100 Prozent mit gespeichertem Sonnenstrom angetrieben wird. 1999 durfte ich aus besonderem Anlass „mal raus aus meinem Heimat-Landkreis" nach Bonn, wo uns der Deutsche Solarpreis verliehen wurde.

Im Jahr 2000 gab es in meinem 500 Einwohner zählenden Heimatdorf eine Hiobsbotschaft: Die letzte Lebensmittelhändlerin kündigte die Ladenschließung aus Altersgründen zum 31. März 2001 an. Was nun, Otersen? Den künftigen Mangel bejammern? Wir entschieden uns für „Ärmel aufkrempeln". „Eigeninitiative statt Unterversorgung" wurde zu unserem Motto. Am 1. April 2001 eröffneten wir unseren bürgerschaftlich organisierten Dorfladen. 165 Mitglieder haben seit 2001 über 115.000 € Eigenkapital in unserem Dorfladen mit DorfCafé investiert – für eine tägliche Lebensqualität für Jung und Alt und für eine gute dörfliche Zukunft.

1996 haben wir damit begonnen, die Zukunftsfähigkeit unseres Dorfes Otersen auf den Prüfstand zu stellen – ebenso wie 3.900 andere Dörfer bundesweit. Wir qualifizierten uns als Landessieger in Niedersachsen für den Bundeswettbewerb und wurden 2007 mit der Auszeichnung „Bundes-Golddorf" zum Bundessieger. Mit 100 Dorf-Menschen ging es hinaus aus dem Landkreis nach Berlin zur Siegerehrung mit 3.000 Gästen im ICC. Später waren wir ins Schloss Bellevue zum Empfang durch Bundespräsident Horst Köhler geladen. Ein besonderes Erlebnis für mich: als schlichter Dorfmensch zu Gast beim Staatsoberhaupt. Warum engagiere ich mich seit Jahrzehnten ehrenamtlich für meine Heimat? Weil ich hierhingehöre, weil ich hier gerne lebe und weil ich hier in einem lebenswerten Umfeld gut versorgt alt werden will – in unserem Landkreis Verden.

**DIE ZUKUNFT IN DER HEIMATREGION POSITIV ZU GESTALTEN, SEHE ICH AUCH EHRENAMTLICH ALS EINE WICHTIGE AUFGABE – UND EHRENAMTLICHES ENGAGEMENT LOHNT SICH.**

*Petra Mattfeldt*

# Inspiriert durch den Dom zu Verden

**Geschichten geschrieben habe ich schon als Kind. Dass daraus eine Schriftsteller-Karriere werden würde, habe ich nie zu hoffen gewagt. Inspiriert haben mich schon sehr früh der Dom zu Verden und seine Geschichten. Ein historischer Roman dazu ist längst überfällig.**

*Petra Mattfeldt* geb. 1971 in Verden, verheiratet, drei Kinder | Ausbildung zur Rechtsanwalts- und Notarfachangestellten | 2010 erste Romanveröffentlichung unter dem Pseudonym Caren Benedikt | zahlreiche Buch-Veröffentlichungen in den Bereichen Jugendbuch, Krimi und historischer Roman | aktives Gründungsmitglied der historischen Autorenvereinigung HOMER, 2014 bis 2019 1. Vorsitzende | Mitglied in verschiedenen Autorenvereinigungen und Schriftstellerverbänden | 2017 bis 2019 Geschäftsführerin des Bookspot Verlages | 2019 alleinige Geschäftsführerin des neugegründeten Maximum-Verlags

Ich würde mich tatsächlich als Ur-Verdenerin bezeichnen. Ich bin hier geboren und aufgewachsen, habe in der Altstadt direkt bei der Andreaskirche und dem Dom gewohnt. Besonders Letzterer zog mich schon als Kind magisch an. Selbstverständlich kennt jeder die Geschichte vom eingemauerten Mann, die mich als Kind ganz schrecklich gegruselt hat. Trotzdem war es natürlich reizvoll, sich den armen eingemauerten Kerl mit dem verzerrten Gesicht mal genauer anzusehen. Dass da die Gedanken zu kreisen beginnen, ist ja kein Wunder. Für mich war es viel mehr als das. Es war vor allem das Gefühl für das Bauwerk selbst und die Frage, wie es wohl gewesen sein mochte, damals als der Dom gebaut wurde. Und was macht man als Kind, wenn erst einmal das Interesse geweckt ist? Man stellt Fragen und zwar jede Menge. Ich würde sagen, dass das im Nachhinein betrachtet vermutlich mein Grundstein war. Denn wenn ich mich in drei Worten beschreiben müsste, wäre meine Aussage: Ich bin neugierig – neugierig auf die Geschichten hinter der Geschichte und vor allem die Menschen, die in ihren jeweiligen Zeiten ganz anderen Herausforderungen im Leben gegenüberstanden als wir heute.

Als Kind habe ich das für mich selbst noch gar nicht begriffen. Ich fand es einfach nur spannend, was früher war und hatte, solange ich denken kann, auch immer gleich eine Geschichte im Kopf. Aber deshalb Schriftstellerin werden? Nein – Unsinn. Natürlich nicht. Ist doch auch eigentlich gar kein richtiger Beruf, oder? Genau genommen, muss ich gestehen, wusste ich als Kind gar nicht, was ich einmal werden wollte. Wenn meine Freunde oder Klassenkameraden davon sprachen, welche Ziele sie hatten, fühlte ich mich immer ein wenig fehl am Platz. Ich war gut in Deutsch, okay. In Geschichte ebenfalls, dank meines wunderbaren Lehrers, der es auf unvergleichliche Art schaffte, jedes noch so banale historische Ereignis als echtes Abenteuer zu verkaufen. Aber für mich war das alles nichts Greifbares oder woraus sich mir eine berufliche Chance geboten hätte. Schlicht gesagt: Ich hatte überhaupt keine Ahnung, was ich wirklich wollte. Eigentlich stand für mich nur fest, dass ich in die große, weite Welt hinauswollte. Ein Gefühl, das wohl jeder kennt. Niemals hätte ich gedacht, dass ich in meinem jetzigen Alter noch im Landkreis Verden zu Hause wäre. Aber wie es im Leben so ist – es kommt anders, als man denkt.

Ich werde oft gefragt, wie ich überhaupt zum Schreiben gekommen bin und wann ich damit angefangen habe. Tatsächlich habe ich schon als Kind geschrieben. Meine Oma war eine ganz wunderbare Geschichtenerzählerin, die mir jeden Abend eine Gute-Nacht-Geschichte vorlas. Irgendwann bei einem Buch gefiel mir das Ende der Geschichte nicht. Ich begann eine rege Diskussion mit meiner Oma, weshalb es doch eigentlich hätte anders kommen sollen und dass mein Ende für die Geschichte viel besser wäre. Wir haben ein Spiel daraus gemacht. Sie hat mir weiterhin Geschichten vorgelesen und an einem bestimmten Punkt gestoppt. Ich habe mir dann überlegt, wie es ausgehen könnte und ihr dies erzählt. Es war wunderbar, die Figuren im Kopf lebendig werden und sie machen zu lassen, was ich mir überlegte. Irgendwann hatte ich dann meine erste ganze Geschichte im Kopf, die ich meiner Oma erzählte. So wandelte sich unser abendliches Ritual: Nun las sie nicht mehr vor, sondern ich erzählte ihr meine ausgedachten Geschichten. Kaum dass ich schreiben konnte, begann ich damit, die kleinen Geschichten in Worte zu fassen. Dafür schenkte mir meine Oma ein Büchlein, das ich heute leider nicht mehr habe.

Das ging etwa bis zu der Zeit, als ich in die Pubertät kam. Andere Dinge wurden wichtiger, meine kleinen Geschichten traten in den Hintergrund. Erst viel später, als ich selbst bereits Mutter war, kam das Schreiben in mein Leben zurück. Der Grund dafür ist einfach wie praktisch: Die meisten Gute-Nacht-Geschichten waren einfach viel zu lang. Bei meinen Kindern gab es endlose Diskussionen darüber, dass der Zeitpunkt zum Aufhören der Geschichte nicht der richtige war und die Geschichten zu Ende gelesen werden müssen. Also habe ich meinen Kindern täglich eigene fünf- bis achtseitige Geschichten geschrieben, in denen sie die Helden waren. Das waren kleine Abenteuer, die sie täglich erlebten. Danach schliefen sie mit einem Lächeln auf den Lippen ein.

Einmal fragte mich ein Redakteur, ob mir das tägliche Geschichtenausdenken nicht schwergefallen sei. Damals musste ich schmunzeln, denn genau das Gegenteil war der Fall. Ich hatte Ideen ohne Ende, habe an manchen Tagen auch zwei

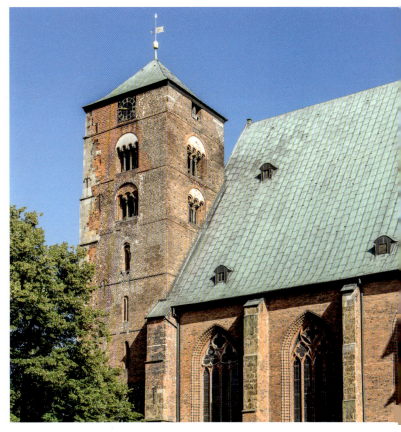

Der Dom zu Verden

oder drei Geschichten geschrieben und schon bald einen Vorrat angelegt. Irgendwann ging es über die Kindergeschichten hinaus. Mir kam eine Idee in den Kopf, die ich schon während meiner Schulzeit hatte. Damals war ich fasziniert von der „Viele-Welten-Theorie". Ich befasste mich mit der Frage parallel zueinander existierender Universen, dem Vorhandensein eines Multiversums. So habe ich mein erstes Manuskript geschrieben, das ich eigentlich nie veröffentlichen wollte. Meine Familie überredete mich, das Manuskript bei drei Verlagsagenturen einzureichen. Das war unser Deal. Hätte es nicht geklappt, würde ich nur für mich weiterschreiben. Doch ich hatte Glück und gleich zwei der drei Agenturen boten mir einen Vertrag an.

Mein damaliger Agent wollte sehen, was ich kann. Er bot mir an auch andere Genres auszutesten. Da ich schon immer eine Leidenschaft für Geschichte hatte, kam der Gedanke an einen historischen Roman. So entstand im Jahr 2010 mein erster Roman „Die Feinde der Tuchhändlerin". Ab diesem Zeitpunkt wollte

**NIEMALS HÄTTE ICH GEDACHT, DASS ICH IN MEINEM JETZIGEN ALTER NOCH IM LANDKREIS VERDEN ZU HAUSE WÄRE. ABER WIE ES IM LEBEN SO IST – ES KOMMT ANDERS, ALS MAN DENKT.**

Das historische Schloss Etelsen steht seit 1981 im Besitz des Landkreises Verden. Im angrenzenden Schlosspark können Besucher bei ausgedehnten Spaziergängen die Vielseitigkeit der Natur genießen (Bild oben). Blick auf das Mausoleum im Schlosspark Etelsen (Bild u. l.). Rathaus und Rathausbrunnen in Langwedel (Bild u. r.).

ich schreiben und damit auch erfolgreich sein. Mein weiterer Weg führte zur Verlagsagentur Lianne Kolf, bei der ich auch heute noch unter Vertrag bin. Mit meiner wunderbaren Lianne verbindet mich nicht nur eine unglaublich innige Freundschaft. Mit ihr kam auch der große Erfolg. Bücher wie „Die Duftnäherin", „Die Kerzenzieherin" oder die Krimis meiner „Falko Cornelsen" Reihe verkauften sich sehr gut. Es gelang, mir im Schriftstellerischen einen Namen zu machen. Mein erster Bestseller war dann im Jahr 2015 „Die heimliche Heilerin", den ich unter meinem Pseudonym Ellin Carsta geschrieben habe. Seither waren alle Bücher dieser Reihe Bestseller, was mich über die Maße glücklich und dankbar macht. Heute bin ich beruflich oft unterwegs, weil meine Verlagsagentur und drei der Verlage, für die ich arbeite, in München ansässig sind. Es stehen regelmäßige Termine in Frankfurt, Leipzig und Berlin an. In Berlin arbeite ich bereits am dritten Projekt mit einem Filmproduzenten zusammen.

Gerade deshalb ist es für mich das Schönste, nach Hause zu kommen und in das Gefühl von Ruhe, Geborgenheit und Heimat einzutauchen. Ich lebe heute in Daverden, also immer noch im Landkreis Verden. Ich habe wunderbare Nachbarn und eine tolle Gemeinschaft, in der man füreinander da ist. Vor kurzem habe ich meinen eigenen Verlag gegründet, die MAXIMUM Verlags GmbH, in der ich anderen Autoren die Möglichkeit gebe, ebenfalls den erfolgreichen Weg der Veröffentlichung zu gehen. Hierbei trenne ich zwischen Verlegerin und Autorin, sodass meine eigenen Projekte bei meinen bisherigen Verlagen verbleiben. Hier hat sich über die Jahre eine sehr vertrauensvolle und tolle Zusammenarbeit entwickelt, die ich nicht missen möchte. In meinem eigenen Verlag arbeiten neben sechs Angestellten auch zwei meiner Kinder mit und wir hoffen, hier im Landkreis Verden den perfekten Standort für ein weiteres erfolgreiches Unternehmen gefunden zu haben.

Ich kann heute für mich sagen, hier wirklich fest verwurzelt zu sein mit dem sicheren Gefühl, daraus die Kraft zu ziehen, die ich für meine zahlreichen Projekte brauche. Ein einfacher Gang mit meinem Hund über die Allerwiesen in Verden oder in Daverden durch die Marsch. Menschen, die mir hier begegnen und mit denen ich gern Seite an Seite lebe. Feste, die gemeinsam gefeiert werden. Tiefpunkte, in denen man sich hilft. Mein Weg war für mich keinesfalls gerade und klar ersichtlich. Letztendlich habe ich erkannt, dass hier an meinem Geburtsort der einzige Platz ist, wo ich aus tiefstem Herzen sein möchte. Vielleicht hat mich der Verdener Dom direkt vor der Nase unbewusst zu meinen historischen Romanen inspiriert. Vielleicht wäre ich ohne ihn nicht Schriftstellerin geworden und könnte nicht das Leben führen, welches mir heute so gefällt. Und noch eine Erkenntnis kommt mir beim Schreiben dieser letzten Zeilen: Ein guter historischer Roman über den Dom zu Verden ist längst überfällig. Mal sehen, was mir dazu so einfällt.

BLOCK Transformatoren-Elektronik GmbH

# Immer unter Spannung

Transformatoren, Stromversorgungen, Schutzschalter, Drosseln oder EMV-Filter der Firma BLOCK Transformatoren-Elektronik liefern jedem Kunden die perfekte Spannung. Im firmeneigenen Entwicklungszentrum wird neben Transformatoren von Zuckerwürfelgröße bis zu Schwergewichten von 2.700 kg die gesamte Produktpalette des Unternehmens ausgearbeitet. Abgestimmt auf die Kundenansprüche und mit stetem Blick auf zukünftige Marktentwicklungen konnte BLOCK so sein 80-jähriges Jubiläum feiern.

CEO Wolfgang Reichelt machte BLOCK zum Branchenführer. Weltweit wird das Unternehmen durch 4 Fertigungsstandorte vertreten: in den USA, China sowie zweimal in Verden. Die Werke in Verden bilden die Basis für den internationalen Erfolg. Mit 1.200 Beschäftigten weltweit ist BLOCK einer der größten Arbeitgeber der Region. Die Sicherheit der Arbeitsplätze seiner Mitarbeiter steht für Wolfgang Reichelt an erster Stelle. Darüber hinaus engagiert sich BLOCK im sozialen Bereich, beschäftigt über 100 Menschen mit Behinderung und setzt sich mit einer betriebseigenen Kinderkrippe aktiv für die Vereinbarkeit von Familie und Beruf ein.

*BLOCK Transformatoren-Elektronik GmbH*
Max-Planck-Straße 36-46
27283 Verden (Aller)
www.block.eu

**Vom Standort Verden aus lenkt CEO Wolfgang Reichelt das Unternehmen im nationalen und internationalen Markt**

Die Mühle Blender ist eine restaurierte Galerieholländermühle in Thedinghausen

LANDKREIS VERDEN – GANZ PERSÖNLICH

*Meredith Michaels-Beerbaum*

# Ein idealer Ort für Pferd und Reiter

Normalerweise bin ich relativ risikofreudig. Aber als es darum ging, nach Thedinghausen zu ziehen, musste mein Mann mich erst überzeugen. Inzwischen denke ich: Es ist traumhaft hier.

*Meredith Michaels-Beerbaum geb. 1969 in Los Angeles, verheiratet, ein Kind | Reittraining seit dem siebten Lebensjahr | Studium der Politikwissenschaften an der Princeton University | 1989 Gewinn des ersten großen Grand Prix auf Quick Star | 1991 Reittraining bei Paul Schockemöhle in Deutschland | 2004 erste Frau an der Spitze der Springreiter-Weltrangliste, 2006 erste Frau in einer deutschen Springerequipe beim Mannschafts-Springen einer Weltmeisterschaft, mehrfache Deutsche Meisterin und Weltcupgewinnerin im Springreiten, 2007 Europameisterin | dreimalige Teilnehmerin bei den Olympischen Spielen, 2016 Bronzemedaille in der Mannschaftswertung | 2005 Auszeichnung mit dem Sport-Bambi sowie 2008 mit dem Silbernen Lorbeerblatt*

Mein Mann und ich kamen 1997 aus dem Sauerland nach Thedinghausen. Damals stand der Hof, auf dem wir heute leben, zum Verkauf. Wir suchten zeitgleich einen Ort, wo wir Beruf und Privatleben besser miteinander verbinden konnten. Die Sache hatte allerdings einen traurigen Hintergrund: Der vorherige Besitzer, Springreiter Gerd Wiltfang, war mit nur 51 Jahren verstorben. Für seine Familie und Freunde war das eine kummervolle Zeit. Mein erster Eindruck von Thedinghausen war daher geprägt von einer gedrückten Stimmung. Ich sah den leeren Hof, die leeren Stallungen und spürte so deutlich: Gerd ist nicht mehr da. Er fehlte.

Normalerweise bin ich die Risikofreudige und Abenteuerlustige in unserer Beziehung. Zum Beispiel bin ich als junge Frau ohne meine Familie aus Kalifornien nach Deutschland gezogen. Was den Kauf von Gerds Hof anging, war ich jedoch unsicher. Wir waren junge Leute, noch nicht verheiratet und hatten gerade erst angefangen einen eigenen Stall aufzubauen. War das wirklich die passende Anlage für uns? Das bedeutete einen ganz großen Schritt für uns und eine enorme Verantwortung. Mein Mann war total begeistert. „Komm, wir kaufen das!", meinte er. Schließlich konnte er mich überzeugen. Wir schauten nach vorne und trugen zusammen das Risiko. Unterstützung hatten wir dabei von der Familie Winter-Schulze, mit der wir und die Wiltfangs noch immer eng befreundet sind. Ein Jahr später heirateten wir – und dass wir nach Thedinghausen gekommen sind, haben wir nie bereut.

Es ist traumhaft hier: Die zehn Hektar große Anlage ist ideal für Pferde und Reiter. Es gibt einen Stall mit 45 Boxen, eine große Halle, ausgedehnte Wiesen, einen Rasen- und einen Sandreitplatz und eine Führmaschine, um den Pferden ausreichend Bewegung zu verschaffen. Auch für die Pferde-Wellness ist gesorgt, mit Waschboxen und sogar einem eigenen Solarium. Unsere Oldies können tagsüber auf einer großen Wiese mit einer Scheune als Unterschlupf ihre Rente genießen – dazu gehört auch mein Lieblingspferd Shutterfly, dem ich so viel zu verdanken haben. Zum Hof gehören außerdem ein großes Wohnhaus und zwei Häuser mit Platz für die vielen Pferdepfleger sowie ein historisches Backhaus, das wir als Gästehaus nut-

**WIR GENIESSEN ES, DASS HIER SO VIELE MENSCHEN MIT PFERDEVERSTAND LEBEN, DIE UNSERE LEIDENSCHAFT FÜR DEN REITSPORT TEILEN.**

zen. Hier in Thedinghausen verbringen wir die meiste Zeit des Jahres und genießen sowohl die Ruhe vor Ort als auch die kurzen Wege nach Bremen, Hamburg oder Hannover. Denn an den Wochenenden sind wir in der Regel unterwegs, um Turniere zu reiten – national und international. Meistens reisen wir am Freitag zu den Wettkämpfen an, manchmal schon am Donnerstag. Inzwischen begleiten wir auch unsere Tochter Brianne zu ihren Turnieren. Im Moment reitet sie sehr gern. Ob das so bleibt, kann man nicht sagen. Sie ist neun Jahre alt, also noch sehr jung, und hat noch viele andere Interessen. Mein bestes Pferd ist derzeit verletzt, daher reite ich selbst im Moment nicht so viel. Mein großer Wunsch für die Zukunft ist es, ein gutes, junges Pferd zu finden und auf höchstem Niveau auszubilden, um es selbst zu reiten. Und meiner Tochter zu helfen, in diesem Sport weiterzukommen, wie sie es möchte.

In der Nähe der Reiterstadt Verden zu leben, ist ohne Frage super für uns. In der Region finden viele interessante Turniere statt, auch für die Altersklasse unserer Tochter. Wir freuen uns, dass wir den Hannoveraner Verband mit seinen vielen Reitpferde- und Hengstauktionen gleich nebenan haben – meine besten Pferde waren schließlich Hannoveraner. Und wir genießen es, dass hier so viele Menschen mit Pferdeverstand leben, die unsere Leidenschaft für den Reitsport teilen. Mit vielen sind wir gut befreundet. Sicher, was das Klima angeht, könnte ich manchmal schimpfen. In Kalifornien, wo ich aufgewachsen bin, scheint jeden Tag die Sonne – das würde mir besser gefallen.

Indianerin auf dem „Stallgasse"-Pferde-Event in Verden

DESMA Schuhmaschinen GmbH

# Schuhmaschinen für die ganze Welt

Mehr als 24 Milliarden Paar Schuhe werden alljährlich in aller Welt produziert. Jedes zehnte geht auf das Konto der DESMA Schuhmaschinen GmbH aus Achim. Der Hidden Champion ist der weltweit führende Hersteller von Maschinen und Anlagen für die industrielle Schuhfertigung. Seit mehr als 70 Jahren entwickeln und beliefern die Sondermaschinenbauer von DESMA internationale Kunden mit Spitzentechnologie aus dem Landkreis Verden.

Bekannte Marken wie Adidas, Ecco, Gabor oder Lloyd verlassen sich auf Desma-Technik. „Wir sind Spezialisten im Sohlengeschäft, erfolgreich in einer Nische in der Nische, in der es sich gut leben lässt", erzählt Klaus Freese, der das Unternehmen gemeinsam mit Christian Decker erfolgreich führt. Als eingespielte Doppelspitze sind die beiden erfahrenen Geschäftsführer heute für 250 Mitarbeiter verantwortlich. Viele arbeiten ihre gesamte Karriere über für das Achimer Unternehmen. Auch Freese machte 1976 seine Lehre zum Maschinenschlosser in dem großen Ausbildungsbetrieb. Seit 2009 ist er Geschäftsführer des Sondermaschinenbauers. Lebenslanges Lernen und eine stets wertschätzende Haltung gehören deshalb für ihn ganz selbstverständlich zur Unternehmenskultur.

Im Jahr 2020 eröffnet DESMA eine neue „Fabrik der Zukunft" auf dem Betriebsgelände und stellt sich damit den zunehmenden Herausforderungen des globalen Marktes. Vor die Wahl gestellt, den Standort für den Neubau zu verlassen oder in Achim zu bleiben, fiel den Geschäftsführern die Entscheidung für den Landkreis Verden leicht. „Unsere Mitarbeiter leben hier. Die Zusammenarbeit mit Politik und Wirtschaft ist gut. Die Infrastruktur stimmt und nicht zuletzt sind wir eng verbunden mit den Forschungslaboren der uns umgebenden Metropolen", nennt Freese seine Gründe für das klare Bekenntnis zum Landkreis.

Technologien zur Herstellung von Sicherheitsschuhen zählen neben Freizeitschuhen und Sportschuhen zum Kerngeschäft des Unternehmens, das der Salzgitter AG angehört. „Was uns täglich antreibt, ist der Wunsch des Kunden nach einem

Eingespielte Doppelspitze: DESMA-Geschäftsführer Christian Decker und Klaus Freese

**TECHNOLOGIEN ZUR HERSTELLUNG VON SICHERHEITSSCHUHEN ZÄHLEN NEBEN FREIZEITSCHUHEN UND SPORTSCHUHEN ZUM KERNGESCHÄFT DES UNTERNEHMENS.**

guten Schuh", fasst Christian Decker zusammen. „Wir lösen die Probleme der Schuhfabriken, mit unseren Maschinen, Anlagen und technischen Lösungen und wollen als Hidden Champion weniger als Marke überzeugen als vielmehr mit Teamgeist und Spirit, als Technologieführer in der Nische."

*DESMA Schuhmaschinen GmbH*
Desmastraße 3/5 · 28832 Achim
www.desma.de

Hydro Extrusion Deutschland GmbH

# Die gesamte Wertschöpfungskette im Blick

Aluminium – ein Leichtgewicht unter den Werkstoffen mit schwerwiegenden Argumenten. In verschiedensten Branchen kombiniert Aluminium Vorteile wie ausgezeichnete Formbarkeit, Langlebig- und Belastbarkeit oder die gute Wärmeleitfunktion mit einer Vielzahl an Einsatzoptionen. Durch Veredelung der Oberfläche wird ein einfaches Alu-Profil zum Hingucker an Stühlen, Küchenmöbeln oder in Autos.

Vom Abbau des Bauxits bis hin zu maßgeschneiderten Produkten und deren Wiederverwertung vereint der Hydro-Konzern als weltweit größter Aluminiumproduzent den gesamten Wertschöpfungsprozess des Werkstoffs. Die Hydro Extrusion Deutschland GmbH in Achim-Uphusen ist in diesem Prozess auf die Produktion komplexer Hohl- und Flachprofile sowie deren Oberflächenveredelung spezialisiert. Die Profile werden u. a. in Elektronikgehäusen, Rollladensystemen, Bilderrahmen, Fenstern und Türen verbaut. Dafür werden die angelieferten Aluminiumrohblöcke in den zwei Strangpressen des Werkes auf 500 Grad Celsius erwärmt und auf bis zu 50 Meter lange Profilstränge ausgepresst. „Man muss sich das stark vereinfacht ähnlich einer Nudelpresse vorstellen", beschreibt Geschäftsführer Ralf Liedtke den Vorgang. „Durch das Strangpressen kann das Aluminium in nahezu jede vorstellbare Form gebracht werden. Anschließend können wir das vom Kunden gewünschte Produkt zuschneiden,

**Geschäftsführer Ralf Liedtke vor der Strangpresse**

weiterverarbeiten und veredeln." Rund 18.000 Tonnen Aluminiumprofile werden jährlich in Uphusen hergestellt. Kerngeschäft des Unternehmens sind maßgeschneiderte Aluminiumprofile. Das Hydro-Werk Uphusen verfügt zudem über ein eigenes Eloxalwerk und eine Strahlanlage zur Oberflächenveredelung.

Strangpressen und Eloxalwerk stehen seit den späten 1960er an ihrem Einsatzort und sind nach wie vor in Betrieb. Die Geschichte des Standorts als Aluminiumwerk beginnt schon einige Jahre früher. Zu Beginn der 60er-Jahre nutzte der bekannte Automobilhersteller Borgward die Produktionshallen zum Gießen seiner Aluminiummotorblöcke und setzte damit den Grundstein für die hiesige industrielle Nutzung und Verarbeitung des Werkstoffs. Die Firma Alcan installierte die ersten Strangpressen sowie das Eloxalwerk. 1986 wurde der Standort schließlich von Hydro übernommen. Ursprünglich aus der Erzeugung von Wasserenergie stammend, konzentriert sich der norwegische Mutterkonzern heute ausschließlich auf das Aluminiumgeschäft.

Herkunft und Zukunft des Unternehmens sind im Firmenlogo ablesbar: eine Kogge mit geblähten Segeln, angetrieben durch Wasser- und Windkraft. Gleichzeitig sind in den Segeln die drei „C" des „Hydro Way" erkennbar – dem Ziel zu einer nachhaltigen und zukunftsfähigen Gesellschaft beizutragen. „Care, Courage und Collaboration" geben das verantwortliche und respektvolle Handeln gegenüber Mensch und Umwelt, den Mut für große Ziele einzustehen und das Bündeln von Kompetenzen in internen und externen Partnerschaften als Marschrichtung des Unternehmens vor. Eines der Ziele entsprechend des Hydro-Way: eine $CO_2$-neutrale Produktion bis 2020 auf Konzernebene. Dafür werden neue Produkte entwickelt, die bei kleinerem Rohstoffeinsatz einen geringeren Schadstoffausstoß verursachen. Zudem werden gebrauchte Produkte recycelt. Jahrelang genutzte Fenster- und Türenprofile, aber auch Produktionsreste, werden von Hydro gesammelt, eingeschmolzen und gelangen schließlich als Rohmaterialbolzen wieder in die Werke zur Weiterverarbeitung. Das Einschmelzen gebrauchten Aluminiums erfordert lediglich fünf Prozent der Energie, die für die Herstellung von Primärmetall erforderlich ist. Je höher der Recycling-Anteil, desto besser ist dies für unsere Umwelt. Durch den Einsatz von langlebigen und recycelbaren Materialien möchte Hydro zu einer Verbesserung der globalen Klimabilanz beitragen.

Die Vorgaben des Mutterkonzerns werden in Uphusen nicht als Bremse empfunden. „Wir agieren eigentlich eher wie ein Familienbetrieb mit viel Unterstützung im Rücken", beschreibt Ralf Liedtke die Struktur seines Unternehmensstandortes. Flache Hierarchien, kurze Wege und eine schnelle, flexible Entscheidungsfindung zeichnen das Werk Uphusen ebenso aus wie der starke Rückhalt durch den Konzern. Dafür sind die Mitarbeiter dankbar. Viele feiern langjährige Dienstjubiläen

**An den Strangpressen wird das Roh-Aluminium auf bis zu 50 Meter gepresst. Bild oben: Das Roh-Aluminium wird in dicken Bolzen für die Weiterverarbeitung im Werk angeliefert.**

### DURCH DAS STRANGPRESSEN KANN DAS ALUMINIUM IN NAHEZU JEDE VORSTELLBARE FORM GEBRACHT WERDEN.

und kommen nach der Pensionierung regelmäßig zu Werksführungen und Sommerfesten vorbei. Liedtke, selbst seit 21 Jahren im Unternehmen, fasst die gute Anbindung, die Kooperationsbereitschaft anderer Firmen und die unkomplizierte Nachbarschaftssituation mit Anwohnern treffend zusammen: „Es ist wie bei einem Baum. Wenn man so lange hier ist und den Standort schätzt, dann treiben die Wurzeln entsprechend tief."

*Hydro Extrusion Deutschland GmbH*
Uphuser Heerstraße 7 · 28832 Achim-Uphusen
www.hydro.com

Kreissparkasse Verden

# Partner für jeden Lebensmoment

Sandra und Theo erwarten Zwillinge, die Erstausstattung kostet ein kleines Vermögen. Lena ist gerade mit dem Abi fertig und freut sich auf ihre Ausbildung und die erste eigene Wohnung. Peter macht sich mit seiner Geschäftsidee selbstständig. Sein Konzept ist vielversprechend. So vielfältig wie die Menschen sind auch deren Lebenswege und Wendungen im Leben. Viele davon sind planbar, einige unvorhersehbar und so manche nur mit Unterstützung zu meistern. Oft wünscht man sich eine passgenaue Lösung und eine kompetente Beratung für genau diese Situationen. Beides bietet die Kreissparkasse Verden. Mit ihrem einzigartigen Beratungskonzept begleitet sie ihre Kunden in den unterschiedlichsten Lebensmomenten. Ob Ausbildungs- oder Studienbeginn, Selbstständigkeit, Familienzuwachs oder die eigenen vier Wände. Jeder Moment hat seine eigene Dynamik und benötigt individuelle Lösungen. Mit mehr als 185 Jahren Erfahrung steht die Kreissparkasse ihren Kunden mit Fachwissen, Rat und Tat zur Seite.

Ein flächendeckendes Geschäftsstellennetz, regionales Engagement und die Nähe zum Kunden zeichnen die Kreissparkasse Verden als Ansprechpartner in allen Belangen der Finanzwelt aus. So ist es nicht verwunderlich, dass viele Kunden ihr Geld von klein auf der Kreissparkasse anvertrauen. Knax-Klub, S-Club, pädagogische Finanzplanspiele und natürlich das erste Sparbuch begleiten die jungen Sparkassenkunden. Auf vielfältige Weise wird der erste Umgang mit Geld für das spätere Leben vermittelt. Und nicht selten wird die Kreissparkasse zum ersten Arbeitgeber für junge Sparkassen-Begeisterte. Ob Ausbildung, Praktikum oder Duales Studium, die Kreissparkasse ist ein attraktiver Arbeitgeber.

Als moderner Finanzdienstleister mit Verantwortungsgefühl ist es der Kreissparkasse wichtig, nah am Kunden zu arbeiten und dessen Bedürfnisse im Blick zu haben. So gehören Video- und Chatberatungen ebenso zum Alltag der Sparkasse wie Online-Banking, Kwitt und kontaktloses Bezahlen per NFC-Technologie. Bezahlung und Beratung ist heute von überall aus möglich, sei es vom Sofa, aus der Bahn oder vom heimischen Schreibtisch. Die digitalen Angebote werden sehr gut angenommen, auch von der älteren Generation. „Dennoch wünschen sich viele den persönlichen Kontakt vor Ort, weil sie unseren Kundenberatern vertrauen. Trotz aller technischen Entwicklungen wollen wir keine reine Online-Bank werden. Menschliche Nähe ist uns nach wie vor wichtig", versichert Silke Korthals, Vorstandsvorsitzende der Kreissparkasse Verden. „Viele langjährige Sparkassen-Mitarbeiter haben Familien generationenübergreifend in Finanzangelegenheiten beraten", erklärt sie die Verbundenheit von Kunden und Mitarbeitern. Vertrauen ist stets der Schlüssel, wenn es um Finanzen geht.

Als führendes Kreditinstitut vor Ort steht die Kreissparkasse auch der einheimischen Wirtschaft und den Kommunen im Landkreis zur Seite. Dabei übernimmt sie die Abwicklung des Zahlungsverkehrs mit einem professionellen digitalen Leistungsangebot, die Finanzierung von Investitionen und Betriebsmitteln mit passgenauen individuellen Lösungen und die Absicherung unternehmerischer und betrieblicher Risiken. Auch bei internationalen Aktivitäten der Kunden ist die

**Der Vorstand der Kreissparkasse Verden:**
**Matthias Knak, Silke Korthals und Dennis Gläß (von links)**

LANDKREIS VERDEN – GANZ PERSÖNLICH

Der Innenraum der Kreissparkasse besticht mit einem modernen Design und viel Licht

**TROTZ ALLER TECHNISCHEN ENTWICKLUNGEN WOLLEN WIR KEINE REINE ONLINE-BANK WERDEN. MENSCHLICHE NÄHE IST UNS NACH WIE VOR SEHR WICHTIG.**

Kreissparkasse ein gefragter Begleiter. Unabhängig von Öffnungszeiten haben die Kunden stets Zugriff auf ihre Finanzen und das Leistungsspektrum der Kreissparkasse. Damit trägt sie als starker, verlässlicher Partner der einheimischen Unternehmen und Kommunen entscheidend zur wirtschaftlichen Stärke des Landkreises bei. Mit besonderen Sparkassen-Veranstaltungen, wie den regelmäßig stattfindenden Herbstkunsttagen, Konzertveranstaltungen und Lesungen, setzt sie sich zudem für das Erleben kultureller Vielfalt im Landkreis ein. International und regional bekannte Künstler zeigen ebenso ihr Können wie Autoren und Musiker. Ein Investment, das sich für alle lohnt und über die Landkreisgrenzen hinweg bekannt ist. Darüber hinaus engagiert sich die Kreissparkasse in verschiedensten regionalen Projekten. „Unser Erfolg ist eng verbunden mit der positiven Entwicklung der Region. Kern des öffentlichen Auftrags der Sparkasse ist es, Verantwortung für das Gemeinwohl zu übernehmen – und das machen wir sehr gerne", beschreibt Silke Korthals den Grund für die Einsatzbereitschaft in unterschiedlichsten Bereichen. Das Engagement reicht von kulturellen Veranstaltungen über die Förderung von Vereinen, die Unterstützung von Schulen und Kindergärten, des Natur- und Umweltschutzes bis hin zu Maßnahmen der Denkmal- und Heimatpflege sowie weit darüber hinaus. Im Zentrum dieser Aktivitäten steht die Stiftung der Kreissparkasse Verden mit ihrem gemeinnützigen Ziel, die Lebensqualität im Landkreis stetig zu verbessern, Perspektiven zu schaffen und die Attraktivität der Region zu erhöhen. Seit ihrer Gründung im Jahr 1995 unterstützt die Stiftung der Kreissparkasse Verden bereits rund 620 Projekte mit einem Finanzvolumen von mehr als 4,3 Millionen Euro.

*Kreissparkasse Verden*
Anstalt des öffentlichen Rechts
Ostertorstraße 16 · 27283 Verden (Aller)
www.ksk-verden.de

Matthäi Bauunternehmen GmbH & Co. KG

# In allen Disziplinen des Bauens zu Hause

Die Matthäi Firmengruppe ist ein mittelständisches Bauunternehmen mit Sitz in Verden. Ob die Firmengründer, die Brüder Hermann und Rudolf Matthäi, im Jahre 1933 bereits ahnten, dass an diesem beschaulichen, fast malerischen Standort einmal eines der 20 größten deutschen Bauunternehmen entstehen würde, ist nicht überliefert. Schließlich war es Gerhard Matthäi, Sohn des Mitbegründers Rudolf, der ab 1967 mit seiner visionären Kraft dem Unternehmen den entscheidenden Wachstumsimpuls verlieh. Die Matthäi-Gruppe beschäftigt derzeit an mehr als 40 Standorten und zahlreichen Tochter- und Beteiligungsgesellschaften in Deutschland und Europa weit über 2.300 Mitarbeiter. Zudem zählt Matthäi zu den leistungsstarken Ausbildern der Region mit über 120 Auszubildenden im Unternehmen. Jahr für Jahr bereichern zahlreiche junge Talente die Gruppe. Die meisten von ihnen bleiben sehr langfristig. Kein Wunder, wurde das Unternehmen unlängst als einer der attraktivsten Arbeitgeber Deutschlands ausgezeichnet.

Mit Asphaltarbeiten ist Matthäi bundesweit im Einsatz

Ohne klare Ziele und Visionen ist eine solche Unternehmensentwicklung kaum vorstellbar. Als einer der ersten westdeutschen Unternehmer öffnete Gerhard Matthäi sein Unternehmen im Zuge der Wiedervereinigung in Richtung Ostdeutschland. Aus gutem Grund, denn heute werden dort unter anderem in Magdeburg, Stendal, Gardelegen, Leezen, Brößnitz, Luckau und Freienhufen überaus erfolgreiche Standorte betrieben. In einer Zeit, als die Politik mit der Abwicklung ostdeutscher Betriebe beschäftigt war, lieferte Gerhard Matthäi den Nachweis, dass Deutschlands Osten große Potenziale für Wirtschaft, Wachstum und Beschäftigung bietet. Ein Weitblick, der auch heute, 30 Jahre nach der Wiedervereinigung, immer noch beeindruckend erscheint.

Dieser Weitblick hielt Einzug in die Unternehmensphilosophie. Der konsequente Ausbau von Wissen und Kompetenz führte dazu, dass Matthäi heute in nahezu allen Disziplinen des Bauens zu Hause ist. Neben einem breit aufgestellten, eigenen Fuhr- und Maschinenpark verfügt Matthäi über eigene Steinbrüche sowie Asphalt- und Betonmischwerke in Deutschland, Polen, Finnland und Estland. Das Leistungsspektrum umfasst den Straßen-, Erd- und Tiefbau, Ingenieurbau, Wasserbau und Schlüsselfertigbau, den Flughafen- und Hafeninfrastrukturbau, den Gleisbau, Umwelttechnologie und die Bereiche Transport, Abbruch, Recycling und Logistik.

Wo stetig Wissen heranwächst, sind auch Innovationen nicht fern. Ein faszinierendes Beispiel dafür ist das Tochterunternehmen Floating Homes. Es realisiert mit seinen schwimmenden Häusern innovative Wohnkonzepte für das Leben, Arbeiten und die Freizeitgestaltung auf dem Wasser. Zahlreiche Projekte hat Floating Homes erfolgreich realisieren können, unter anderem Deutschlands erste schwimmende Haussiedlung in Hamburg.

Bei allem Wachstum – Herz und Seele der Matthäi-Gruppe sind in Verden weiterhin fest verwurzelt. Sichtbar wird das am neuen Verwaltungsgebäude, das im Sommer 2019 eingeweiht wurde. Andreas Höttler und Bernd Afflerbach, geschäftsführende Gesellschafter der Gruppe, bekennen sich eindeutig zum Standort: „Hier begann vor über 80 Jahren unsere Geschichte – und hier wird sie auch in Zukunft fortgeschrieben werden. Trotz allen politischen, gesellschaftlichen und wirtschaftlichen Umbrüchen der Zeitgeschichte ist Matthäi stetig gewachsen. Verden bietet eindeutig besten Boden für eine gesunde Entwicklung. Dafür werden wir stets dankbar sein."

Die Gesellschafter der Matthäi Bauunternehmen GmbH & Co. KG beraten und begleiten die wirtschaftliche Entwicklung der Unternehmensgruppe

**TROTZ ALLEN POLITISCHEN, GESELLSCHAFTLICHEN UND WIRTSCHAFTLICHEN UMBRÜCHEN DER ZEITGESCHICHTE IST MATTHÄI STETIG GEWACHSEN. VERDEN BIETET EINDEUTIG BESTEN BODEN FÜR EINE GESUNDE ENTWICKLUNG. DAFÜR WERDEN WIR STETS DANKBAR SEIN.**

*Matthäi Bauunternehmen GmbH & Co. KG*
Bremer Straße 135 · 27283 Verden (Aller)
www.matthaei.de

*Antje Modersohn*

# Magisch angezogen von der Weite der Wiesenlandschaft

Durch die große Bekanntheit meines Großvaters fühlte ich mich verpflichtet, seine Arbeiten für alle Interessierten zugänglich zu machen. In Fischerhude, wo er lebte und wirkte, habe auch ich ein Zuhause gefunden.

*Antje Modersohn* geb. 1955, verheiratet, drei Kinder | Studium der Kunstgeschichte in München und Hamburg | seit 1989 Mitglied in den Vorständen der Gesellschaft Otto Modersohn e. V., der Otto-Modersohn-Stiftung in Fischerhude, seit 2008 der Paula Modersohn-Becker-Stiftung in Bremen sowie seit 2015 dem Otto Modersohn Museum Tecklenburg | übernahm nach dem Tod ihres Vaters Christian Modersohn 2010 mit ihrem Mann Rainer Noeres die Leitung des Otto-Modersohn-Museums, das der Öffentlichkeit eine umfangreiche Zahl an Gemälden, Zeichnungen, Studien und Skizzenbüchern zugänglich macht | Mitherausgeberin des 2017 im Insel-Verlag erschienenen Briefwechsels zwischen Paula Modersohn-Becker und Otto Modersohn

Meine Liebe zu Fischerhude und seine einzigartige Umgebung, vorwiegend aber wohl das vielseitige Werk meines Großvaters und die zahlreichen Geschichten, die im weitverzweigten Familienkreis über ihn und seine Worpsweder Künstlerkollegen erzählt wurden, haben mein Leben von früh auf geprägt.

Schon als Jugendliche fühlte ich mich von der Kunst Otto Modersohns nicht nur angezogen, sondern ihr gegenüber auch verpflichtet und kümmerte mich an der Seite meiner Eltern um die Aufarbeitung des Nachlasses. Selbst künstlerisch tätig zu sein, wie der älteste meiner drei Brüder, war mir nicht gegeben.

Mein Vater, der an der Münchener Kunstakademie studiert hatte, war mit seiner aus Vorderhindelang/Allgäu stammenden Frau Anna, geb. Lipp, Mitte der 1950er-Jahre von Hindelang nach Fischerhude gezogen. Hier erwarb er in der hinteren Bredenau ein Grundstück, nachdem Otto Modersohn 1943 gestorben war. Inmitten der Landschaft, die Otto Modersohn von 1908 bis 1943 zur künstlerischen Inspirationsquelle geworden war, bauten meine Eltern 1957 ein Wohnhaus und hier entstand später auch das Otto-Modersohn-Museum. Dafür ließ die Familie 1972 in Eigenarbeit und mit nachbarschaftlicher Hilfe eine alte Fachwerkscheune aus dem Dorf versetzen und wieder errichten. Drei weitere Bauten sollten in den kommenden Jahren folgen.

1972 war ich 17 Jahre alt. Meine Eltern erlaubten mir, nach Bremen zu ziehen und dort mein Abitur zu machen. Während meines Studiums der Kunstgeschichte in Hamburg lernte ich meinen Mann kennen. Rainer Noeres war Mitbegründer der Produzentengalerie Hamburg, heute eine der bekanntesten deutschen Galerien für zeitgenössische Kunst. Ich merkte schnell, dass ich mich fern von Fischerhude zunehmend unglücklich fühlte, sogar unter Heimweh litt und kaum abwarten konnte, bis wieder Wochenende war und wir beide nach Fischerhude fuhren. Magisch angezogen von der Ursprünglichkeit und Weite der Wiesenlandschaft machten wir jedes Mal als Erstes ausgedehnte Spaziergänge entlang der Wümme.

Noch heute gehört der Weg über den Deich zu einem meiner Lieblingswege. Üppiges Grün wuchert in den angrenzenden Gärten, schwer hängen die dicht belaubten Zweige der Erlen über dem träge dahinfließenden Wasser. Unterwegs kommt man an dem Haus meines Urgroßvaters Heinrich Breling (1849-1914) vorbei, einst „Königlicher Malprofessor" in München unter Bayerns Märchenkönig Ludwig II. Eine seiner sechs Töchter, die Sängerin und Malerin Louise Breling, wurde nach Paula Modersohn-Beckers Tod die dritte Frau meines Großvaters. Am Flussufer liegt auch das ehemalige Atelier der Bildhauerin Clara Rilke-Westhoff (1878-1954), die 1919 mit ihrer Tochter nach Fischerhude zog.

Schafstall am Heimathaus Irmintraut in Fischerhude

**ICH MERKTE SCHNELL, DASS ICH MICH FERN VON FISCHERHUDE ZUNEHMEND UNGLÜCKLICH FÜHLTE, SOGAR UNTER HEIMWEH LITT UND KAUM ABWARTEN KONNTE, BIS WIEDER WOCHENENDE WAR.**

Wie hatte doch 1906 mein Großvater begeistert an Paula Modersohn nach Paris geschrieben: „Die Woche in Fischerhude war herrlich (...) Das Dorf wirkte märchenhaft auf mich. Das Wasser bringt so viel Leben hinein." Ähnlich „märchenhaft" wirkte Fischerhude zu meiner großen Freude auch auf meinen Mann. Vor allem interessierten ihn Otto Modersohns Bilder, von deren Qualität er überzeugt war. Immer mehr vertieften wir beide uns in die Museums- und Archivarbeit. Nach der Geburt unseres zweiten Kindes verlegten wir unseren Lebensmittelpunkt von Hamburg nach Fischerhude und waren sehr glücklich darüber, denn jetzt konnten wir uns intensiver für das Museum einsetzen, wenn auch mein Mann noch jahrelang zwischen Hamburg und Fischerhude pendelte, um seiner Tätigkeit als Galerist nachzugehen.

2012 erhielt das Otto-Modersohn-Museum seine jetzige Form. Ich bin froh und dankbar zugleich, dass wir in den letzten Jahrzehnten eine beträchtliche Anzahl von Katalogen und Publikationen herausgeben konnten. Nicht zuletzt auch dank der kontinuierlichen Mithilfe vieler Familienmitglieder haben wir es geschafft, den Landschaftsmaler Otto Modersohn mit seinen besten Arbeiten als singulären Künstler zu präsentieren und seine Kunst retrospektiv und durch umfangreiche Sonderausstellungen zu einzelnen Werkbereichen regelmäßig und ausführlich zu beleuchten.

MAGISCH ANGEZOGEN VON DER URSPRÜNGLICHKEIT UND WEITE DER WIESENLANDSCHAFT MACHTEN WIR JEDES MAL ALS ERSTES AUSGEDEHNTE SPAZIERGÄNGE ENTLANG DER WÜMME. NOCH HEUTE GEHÖRT DER WEG ÜBER DEN DEICH ZU EINEM MEINER LIEBLINGSWEGE.

Spaziergänge entlang der Wümme in Fischerhude sind Erholung pur

Hannoveraner Verband e. V.

# Von Olympiasiegern und Freizeitpartnern

Vierhunderteinundneunzig Platzierungen, davon 76 Siege, 51 zweite und 67 dritte Plätze: Das ist die Bilanz des seinerzeit erfolgreichsten Hannoveraner-Springpferdes der Welt. Deister – ein Pferd, das zu Beginn seiner Karriere von den meisten als zu wild oder zu unkonzentriert belächelt wurde. Mit dem Kauf des Wallachs durch Züchter und Springreiter Paul Schockemöhle verschmolzen Reiter und Pferd zu einer Einheit. Gemeinsam gewannen sie drei Europameisterschaften in Folge sowie fünf Deutsche Meisterschaften.

Springvermögen, Dressurbegabung, Intelligenz und Gehorsam sind nur einige der Eigenschaften, die der Hannoveraner-Pferde-

**SPRINGVERMÖGEN, DRESSURBEGABUNG, INTELLIGENZ UND GEHORSAM SIND NUR EINIGE DER EIGENSCHAFTEN, DIE DER HANNOVERANER-PFERDERASSE ZUGESCHRIEBEN WERDEN.**

Das lebensgroße Dieta-Denkmal vor der Niedersachsenhalle in Verden begrüßt die Besucher des Hannoveraner Verbandes und der Hannoveraner-Auktionen

rasse zugeschrieben werden. Seit etwa 100 Jahren nehmen sie an nationalen und internationalen Meisterschaften und den Olympischen Spielen teil und gehen häufig als Sieger hervor. Auch als Freizeitpartner gehören Hannoveraner heute zum Pferdealltag. Tausende Züchter weltweit haben sich auf diese Rasse spezialisiert, freuen sich jährlich auf die Geburt ihrer Fohlen und fiebern den zahlreichen Championaten, Turnierveranstaltungen und Auktionen entgegen.

Zentrale Anlaufstelle für Züchter und Interessenten ist der Hannoveraner Verband e. V. in Verden. Die Registrierung der Hannoveraner-Fohlen im Zuchtbuch gehört ebenso zu seinen Aufgaben wie die Durchführung von Selektionsmaßnahmen vor dem Verkauf der Pferde und die professionelle Beratung von Züchtern und potenziellen Käufern. Pferde-Know-how aus Jahrzehnten und modernste Technik zeichnen die Arbeit des Verbandes aus. Die Hannoveraner Stutenstämme können bis zum Jahr 1888 zurückverfolgt werden, strenge Vorgaben bezüglich Bewegungsablauf, Körpermerkmalen und Gesundheitszustand limitieren den Zugang von Hengsten für die Zucht. Die Erfassung aller Grunddaten der Fohlen ist „sicherer als jeder Personalausweis", so Ulrich Hahne, Zuchtleiter des Hannoveraner Verbandes.

Die Grundlage für die grenzüberschreitende Bekanntheit des Hannoveraner Verbandes wurde bereits 1949 durch den bekannten „Pferdepapst" Hans Joachim Köhler gelegt. Zu einer Zeit, in der das Pferd vom Nutztier zum Freizeitpartner in Sport und Alltag avancierte, veranstaltete er die erste Verdener Pferdeauktion. Damals noch ein einmaliges Event, werden heute jährlich bis zu acht Auktionen in Verden durchgeführt, mit Ausnahmeverkaufszahlen von bis zu zwei Millionen Euro für einen Hengst. Nicht nur Profisportler und Züchter besuchen die Auktionen. Auch Freizeitsportler und Pferdebegeisterte sind herzlich willkommen.

*Hannoveraner Verband e. V.*
Lindhooper Straße 92 · 27283 Verden (Aller)
www.hannoveraner.com

*Petra Müller*

# Den Pflegekindern beim Fliegen zusehen

**Schon bei unserer ersten Begegnung war ich von den Störchen fasziniert: Sie strahlten eine solche Ruhe aus! Damals konnte ich nicht ahnen, welche Rolle diese Vögel in meinem Leben spielen würden.**

*Petra Müller* geb. 1965 im hessischen Korbach, 1966 Umzug nach Wahnebergen, 1985 nach Dauelsen, verheiratet, zwei Kinder | Verkäuferin, Landwirtschaft im Nebenerwerb | 2003 Übernahme der Storchenstation von Helmut Storch

Mein Mann und ich, wir haben immer sehr stark mit der Natur gearbeitet. Er kommt aus einer Familie von Landwirten, und der Respekt vor unseren Lebensgrundlagen ist uns in Fleisch und Blut übergegangen. In unserem eigenen Betrieb tragen wir ständig Sorge, dass unsere Nutztiere sich wohlfühlen, und dass Mutter Natur sich wohlfühlt: 70 Prozent Mutterkuhhaltung, Blühstreifen, Flächen, die erst sehr spät im Jahr gemäht werden … Ich habe schon ein schlechtes Gewissen, wenn wir auf einer kleinen Fläche Futtermais für unser Vieh anbauen. Denn ich weiß: Sobald die Pflanzen kniehoch gewachsen sind, kann der Storch dort nicht mehr laufen.

Als ich 1984 zu meinem Mann nach Dauelsen zog, hatte ich zu den Störchen noch keinerlei Bezug – dabei war ich in Wahnebergen aufgewachsen, nur ein paar Kilometer Luftlinie von der alten Storchenpflegestation entfernt. Erst 1985 schaute ich auf einem Spaziergang in der Einrichtung vorbei. Ich war sofort fasziniert: Die Tiere strahlten eine solche Ruhe aus. Sie schienen keine Hektik zu kennen, keinen Unmut, keine Aggression – es sei denn, es ging um Futter.

1986 lernte ich den damaligen Storchenvater Helmut Storch kennen (der Name war Programm). Er half uns, 1987 auf unserem Betriebsgelände im Storchengrund unser erstes Storchennest aufzustellen – es wurde sofort angenommen und ist seitdem jedes Jahr besetzt. In den frühen 90ern begann ich, den Eheleuten Storch gelegentlich bei der Fütterung der erwachsenen Störche auszuhelfen. Doch es sollten noch einige Jahre ins Land gehen, bevor ich seine Arbeit offiziell übernahm.

2003 waren schließlich alle Hindernisse ausgeräumt: Die notwendigen Genehmigungen waren eingeholt, die neue Storchenstation am Sachsenhain war fertiggestellt und die Intensivpflege in einen Anbau auf unserem Hof umgezogen. Es konnte also losgehen mit meinem neuen Job als Storchenmutter. Das Problem war: Bislang hatte ich nur den Umgang mit den erwachsenen Dauergästen in der Storchenstation kennengelernt – von der Versorgung der verletzen Tiere und dem Aufpäppeln der Nestlinge in der Intensivpflege hatte ich noch keine Ahnung. So gut es ging machte ich mich schlau über die großen Stelzvögel, zum Beispiel in der Tierärztlichen Hochschule Hannover, wo ich den dortigen Veterinären ein Loch in den Bauch fragte.

Ich werde nie vergessen, wie ich mein erstes Storchenkind in die Intensivpflege bekam: Ein kleines Mädchen, erst drei oder vier Tage alt, das aus irgendeinem Grund aus dem Nest gefallen war. Sie war der einzige Pflegling, dem ich je einen Namen gegeben habe: Emily. Schwer zu sagen, wer von uns beiden die besseren Nerven brauchte. Das Vogelbaby hielt mich als Ziehmutter für einen hoffnungslosen Fall. Ich hatte ja keine Ahnung! Ungeschickt versuchte ich, sie mit einer Pinzette zu füttern. Emily schüttelte resigniert den Kopf. Irgendwann verlor sie die Geduld mit mir und schnappte sich einen Bissen direkt aus der Schüssel. Satt und warm – so einfach ist ein kleiner Storch zufriedenzustellen.

So lernte ich jeden Tag ein bisschen dazu. Wie oft will so ein kleiner Storch fressen? Etwa alle zwei Stunden. Mit welcher Kost kann ich Mangelernährung vermeiden? Fisch und abgezogene Eintagsküken. Und wie sorge ich dafür, dass diese Fütterung keine bleibenden Schäden wegen einseitiger Ernährung hinterlässt? Mit einer Spritze voll Trinkwasser zu den Mahlzeiten. Gemeinsam kämpften Emily und ich uns durch, und ja: Ich habe sie groß gekriegt. Später ist sie anhand ihres Kennzeichnungsringes von Vogelbeobachtern identifiziert worden – deswegen weiß ich, dass sie als Bruthenne in der Wedemark selber Junge großgezogen hat. Darüber habe ich mich riesig gefreut.

Inzwischen habe ich etwa 120 oder 130 Storchenbabys aufgepäppelt und in die Freiheit entlassen. Vier bis zehn Küken pro Jahr sind der Normalfall, im Dauerregenjahr 2014 waren es zwanzig, 2018 waren es neun. Sobald sie groß genug sind, verlassen sie die Intensivpflege und wechseln in die Storchenstation, wo ich sie dann Schritt für Schritt auswildere. Ohne die Unterstützung meiner Familie wäre das gar nicht möglich, schließlich bin ich halbtags berufstätig, und wir haben ja auch noch unsere Landwirtschaft. Die schönste Zeit ist im August, wenn die halbwüchsigen Störche über den Zaun der Station fliegen und die ersten Jagdversuche unternehmen. Dann stelle ich mir manchmal einen Liegestuhl an die Station und sehe zu, wie sie sich in der Thermik langsam in die Höhe schrauben. In diesem Moment bin ich zufrieden, denn dann sind sie da, wo sie hingehören: In unserer schönen Natur.

Ich finde, wir Verdener wohnen in einer schönen Ecke. Wir müssen nicht weit fahren, um einen Ort zu finden, wo wir die Seele mal baumeln lassen können. Dass wir hier so viele Störche haben, ist prinzipiell ein gutes Zeichen – denn diese Vögel reagieren sehr empfindlich, wenn ihr Lebensraum nicht in Ordnung ist. Leider merke ich bei meinen Führungen durch die Storchenstation, dass Kinder oft keinen Bezug mehr zur Natur haben, kein Grundwissen und auch kein Interesse. Dann denke ich: Schade, dass die Leute dieses Geschenk vor der eigenen Haustür so wenig zu schätzen wissen.

**DASS WIR HIER SO VIELE STÖRCHE HABEN, IST EIN GUTES ZEICHEN – DENN DIESE VÖGEL REAGIEREN SEHR EMPFINDLICH, WENN IHR LEBENSRAUM NICHT IN ORDNUNG IST.**

## Harm Osmers

# Elf dafür, elf dagegen. Ich entscheide!

**Kritisiert, beleidigt und beschimpft: Zugegeben, das Image eines Fußballschiedsrichters ist nicht das Beste. Für viele stellt sich die Frage: Wieso tut man sich das freiwillig an?**

**Harm Osmers** geb. 1985 in Bremen, aufgewachsen in Achim-Baden, verheiratet, ein Sohn | 2004 Abitur am Cato Bontjes van Beek-Gymnasium in Achim | 2004 bis 2005 Zivildienst am Achimer Krankenhaus | Sommer 2005 Beginn des Studiums in Hannover, 2005 bis 2008 Duales Studium der Betriebswirtschaft in Hannover | seit 2008 beschäftigt bei Continental Reifen Deutschland GmbH als Controller (im Accounting / Rechnungswesen) | 2001 Schiedsrichteranwärterlehrgang absolviert (Kreis Verden), 2003 bis 2005 Schiedsrichter Landesliga, 2006 bis 2007 Schiedsrichter Oberliga, 2007 bis 2009 Schiedsrichter Regionalliga, 2009 bis 2011 Schiedsrichter 3. Liga, 2011 bis 2016 Schiedsrichter 2. Liga, seit 2016 Schiedsrichter in der Bundesliga

Samstagnachmittag. 15:28 Uhr. Sonnenschein. Ausverkauftes Stadion. 50.000 Zuschauer warten auf die Teams. Die Einlaufmusik dröhnt. Ich stehe ganz vorne. Hinter uns die Mannschaften mit den Einlaufkindern. Ich spüre ein Kribbeln, ein sensationelles Gefühl! 15 Minuten später: Notbremse. Elfmeter gegen die Heimmannschaft und Feldverweis gegen deren Kapitän. Das ganze Stadion pfeift mich aus und äußert seinen Unmut. Kein schönes Gefühl. Aber als Schiedsrichter ist ein Auswechseln unmöglich. Und ich weiß: Die Kritik gilt nicht mir persönlich, sondern ausschließlich meiner Rolle.

Das Fußball-Gen habe ich von meinem Opa vererbt bekommen, der uns in den Anfangsjahren trainierte und motivierte. Gemeinsam mit meinem Zwillingsbruder Joost durchlief ich beim SV Baden alle Jugendspielklassen. Eine meiner frühen Kindheitserinnerungen stammt von meinem ersten Fußballspiel in der G-Jugend. Ich war fünf Jahre alt und stolz, im grün-weißen Trikot des SV Baden und mit richtigen Fußballschuhen aufzulaufen. Wir verloren haushoch, aber das war egal. Was zählte, war das Erlebnis.

An diese Zeit habe ich durchweg schöne Erinnerungen. Wir spielten auf allen Sportplätzen des Landkreises Verden, und bei den Auswärtsspielen am Wochenende lernte ich meine Heimat kennen: In Dauelsen ging es nach dem Spiel immer zu McDonalds, in Fischerhude landete der Ball regelmäßig in der Wümme, wenn man das Tor verfehlte ... Am liebsten aber waren mir Heimspiele mit ihren kurzen Wegen. Zu Hause kannte ich jede Unebenheit im Rasen – und die Geheimeingänge, falls die Tür zum Platz noch nicht aufgeschlossen war.

Ab der D-Jugend leitete ein neutraler, mit schwarzem Trikot bekleideter Schiedsrichter unsere Spiele. Ich beobachtete die

Unparteiischen bei ihren Einsätzen aufmerksam und neugierig. Besonders mochte ich, wenn am Mittelkreis die Worte gesprochen wurden: „Wir beenden das Spiel mit einem einfachen Gut Sport." Das gab mir das Gefühl von Neutralität, Gerechtigkeit und Unvoreingenommenheit.

Immer öfter stellte ich mir die Frage: Würde ich mir die Spielleitung selbst zutrauen? Die Hemmschwelle war hoch – selbst die Aussicht auf 15 Euro Spesen pro Spiel konnten mich nicht sofort motivieren. Erst als zwei Freunde sich bereiterklärten mitzumachen, meldete ich mich zum Schiedsrichteranwärterkurs an.

„Wie wird das Spiel fortgesetzt, wenn ein Einwurf ohne weitere Berührung ins eigene Tor geworfen wird?" Da saß ich nun in einem hörsaalähnlichen Raum der Berufsschule Dauelsen. Statt Playstation zu spielen oder mit Freunden abzuhängen, wühlte ich mich zweimal wöchentlich abends mit 21 anderen Freiwilligen durch die Fußballregeln. Ich spielte seit fast zehn Jahren Fußball, aber die Spielregeln hatte ich mir nie zuvor angeschaut. Die Antwort auf obige Frage („Eckstoß") gehört für Schiedsrichter natürlich zum Basiswissen.

Vier Wochen später, nach bestandener Theorie- und Laufprüfung, hielt ich meinen Schiedsrichterschein in den Händen. Das war im Oktober 2001. Ich hatte viel gelernt – nun konnte ich kaum erwarten, das erste Spiel als ausgebildeter Unparteiischer anzupfeifen. Die Ernüchterung folgte auf dem Fuße: Denn die Regeln zu kennen und ein Spiel auf dem Platz leiten, das sind zwei Paar Schuhe. Die ersten Einsätze startete ich daher als

**IMMER WIEDER STELLE ICH FEST: WAS IN 90 MINUTEN MIT 22 PERSONEN VOR 50.000 ZUSCHAUERN FUNKTIONIERT, DAS LÄSST SICH AUCH IM ALLTAG ANWENDEN.**

Weserbrücke in Achim

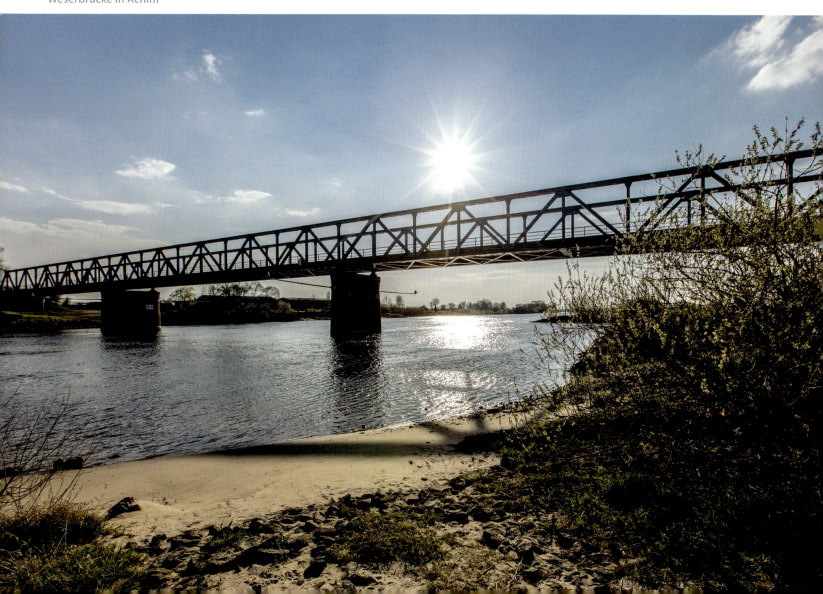

Das älteste Gebäude der Stadt: die Kirche St. Laurentius in Achim

**DIE ENTSCHEIDUNG, SCHIEDSRICHTER ZU WERDEN, HABE ICH NICHT EINE SEKUNDE LANG BEREUT. ICH HABE VIELE GROSSARTIGE MENSCHEN UND ORTE KENNENGELERNT, DIE MIR OHNE DIE ARBEIT ALS REFEREE SICHERLICH VERBORGEN GEBLIEBEN WÄREN.**

einer von zwei Schiedsrichterassistenten an der Seitenlinie. Das ist vergleichbar mit einem Co-Piloten im Flugzeug. Nicht gleich selbst ans Steuer, sondern erstmal Teilschritte ausführen und Einblicke bei einem erfahrenen Kollegen sammeln. Basis der Zusammenarbeit sind eine klare Hierarchie und klar definierte Aufgabenbereiche.

So lernte ich die Referee-Grundlagen auf den Sportplätzen im Kreis Verden. Noch heute hilft mir diese Erfahrung bei meiner Arbeit in der Bundesliga. Denn das Spiel ist an sich das gleiche – nur die Rahmenbedingungen haben sich verändert: Statt der Verdener Lokalzeitungen berichten unzählige Medien und TV-Anstalten, statt des unebenen Spielfeldes in Völkersen liegt ein kurz geschnittener, grüner Rasenteppich im Berliner Olympiastadion und statt 60 Minuten vor Anpfiff zum Sportplatz am Schlosspark in Etelsen zu radeln, reise ich heute am Tag vor der Austragung mit der Bahn an.

Nach Abitur und Zivildienst ging ich 2005 für ein Duales Studium nach Hannover. Eine der großen Veränderungen in meinem Leben: Stadt, WG-Leben, Studium, neues Umfeld. Zu dieser Zeit hatte ich bereits die Spielklassen von der Kreisklasse bis zur Landesliga durchlaufen. Von der Bundesliga war ich aber noch weit entfernt. Sechs Spielklassen lagen dazwischen. Ausgerechnet in dieser Phase stieg ich nicht nach einem Jahr in die Oberliga auf. Andere Schiedsrichter waren besser, bei mir dagegen lief es irgendwie nicht rund.

Ich musste also ein weiteres Jahr in der Landesliga Spiele pfeifen – und aus Hannover im Wochenendrhythmus nach Cuxhaven, Stade, Uelzen oder Lüneburg reisen. Während meine Kommilitonen am Samstagabend Semesterpartys feierten, bereitete ich mich auf das anstehende Landesliga-Spiel vor. Ich investierte viel Zeit in meine Fitness und in die sichere Spielführung. Denn gerade junge Entscheider wie ich tendieren dazu, zu viel „laufen" zu lassen. Mein Durchhaltevermögen wurde belohnt: Ein Jahr später stieg ich in den Verband auf. Von nun an gingen die Fahrten bis nach Lingen und Göttingen. Mein zentraler Standort Hannover wurde zu einer guten Wahl.

Und wie gelingt nun der Weg von den Kreisplätzen in die Bundesliga-Stadien? In meinem Fall lautet die Antwort: Mein schärfster Kritiker bin ich selbst, und Unzufriedenheit ist mein Ansporn. Nach jedem Spiel schreibe ich mir drei gelungene und drei zu verbessernde Punkte zu meiner Spielleitung auf. Egal wie schlecht meine Leistung war, es gibt immer drei Aspekte, mit denen ich zufrieden bin. Egal wie gut ich geurteilt habe, es gibt immer drei zu verbessernde Punkte. Dadurch bleibe ich in der Balance und reduziere meine Leistung nicht nur auf die eine Entscheidung, über die das ganze Stadion spricht.

Denn oftmals rückt man als Schiedsrichter dann in den Fokus, wenn eine spielentscheidende Szene falsch bewertet wird. „Der Schiedsrichter gestern hat uns wieder verpfiffen", höre ich regelmäßig Montagvormittag im Büro meinen Fußballkollegen schimpfen (vor allem dann, wenn seine Lieblingsmannschaft verloren hat). „Klaren Elfmeter für uns nicht gegeben", wirft er hinterher. So funktioniert der Fußball eben: Der Stürmer, der das entscheidende Tor schießt, wird gefeiert. Wir Schiedsrichter werden an unseren Fehlern gemessen. Im besten Fall verlassen wir nach dem Spiel unbeachtet das Spielfeld. Im schlimmsten Fall sind wir Gesprächsthema Nummer 1 und müssen uns für unsere Entscheidungen rechtfertigen.

Hannover wurde meine neue Heimat. Hier lebe ich mit Frau und Sohn und arbeite als Controller bei einem großen Reifenhersteller. Die Vereinbarkeit zwischen Job und Pfeife gelingt gut, denn ich arbeite in Teilzeit. Und immer wieder stelle ich fest: Lange Hosen können von kurzen Hosen lernen. Was in 90 Minuten mit 22 Personen vor 50.000 Zuschauern funktioniert, das lässt sich auch im Alltag anwenden.

Die Entscheidung, Schiedsrichter zu werden, habe ich nicht eine Sekunde lang bereut. Ich habe viele großartige Menschen und Orte kennengelernt, die mir ohne die Arbeit als Referee sicherlich verborgen geblieben wären. Vor allem aber macht mir die Aufgabe Spaß. Diese Freude ist unabdingbar, denn man kann nur das gut machen, was man gerne macht. Darum fällt es mir so leicht, so viel Energie in meine Leidenschaft zu investieren.

Wenn ich heute in den Kreis Verden zurückkomme, zieht es mich immer noch auf die Sportplätze. Einige sind zwar inzwischen zu Bauland umgewandelt, andere sind erweitert worden, wieder andere haben sich kein Stück verändert. Heute stehe ich natürlich nicht mehr auf dem Platz – dafür findet man mich oft in der Nähe der Bratwurstbude. Doch ganz egal, was auf dem Rasen geschieht: Ich habe nur Augen für den Schiedsrichter.

## Günter Badenhop Fleischwerke KG

# Qualität für den besten Freund des Menschen

Als größter Lieferant der Petfood-Industrie verarbeiten die Günter Badenhop Fleischwerke Erzeugnisse der Kategorie 3 von EU-zugelassenen Schlacht- und Zerlegebetrieben: Nebenprodukte, die ausschließlich aus der Fleischproduktion für den menschlichen Verzehr stammen. Hinzu kommt die Herstellung von Proteinpulver und Spezialmehlen auf „State-of-the-Art" Sprühtrocknern. Badenhop-Kunden sind namenhafte Weltmarktführer im Bereich Tiernahrung.

Das Rohmaterial wird unter Einhaltung strenger Hygienevorschriften in modernsten Produktionsanlagen verarbeitet. Die ununterbrochene Kühlkette garantiert eine hervorragende Qualität von der Produktion bis zur Auslieferung. Für flexible Dispositionsmöglichkeiten und etwaige Kundenansprüche nutzt Badenhop ein vollautomatisches, fast $CO_2$-neutrales und durch Photovoltaik betriebenes Tiefkühl-Hochregallager sowie großzügige Trockenlagerkapazitäten. Die Rohmaterialbeschaffung erfolgt über den firmeneigenen Fuhrpark. Für Effizienz und Nachhaltigkeit auf der Straße ist die Fahrzeugflotte mit modernsten EURO 6 Motoren ausgestattet.

*Günter Badenhop Fleischwerke KG*
Röntgenstraße 5
27283 Verden (Aller)
www.badenhop.de

Die Schafställe in Hülsen

*Toby Wichmann*

# Mit offenen Augen durch die Welt

**Lebendigkeit und Lebensfreude: Diese Eigenschaften sind es, die meine Skulpturen zu echten Wichmännern machen. Solche Posen voller Leichtigkeit einzufangen, ist allerdings eine echte Präzisionsarbeit.**

*Toby Wichmann* geb. 1973 in Thedinghausen, drei Kinder | 1992 Fachhochschulreife, 1993 staatliche anerkannte Erzieherin | 1998 Umzug nach Stuttgart, Ateliergründung, intensive Auseinandersetzung mit der Kunst, Schwerpunkt Acrylmalerei und Darstellung figürlicher Plastiken mittels Modelliertechnik | 2001 Weiterbildung in der Meisterwerkstatt für Naturstein und Skulptur, Markus Wolf, Stuttgart | 2002 Weiterbildung an Kunstschule Filderstadt bei Dozent HWP Diedenhofen für Bildhauerei | 2005 Umzug nach Achim, Ateliergründung | seit 2014 Schwerpunkt Bronzefiguren | 2015 Publikumspreis Bremen Vegesacker KUNSTherbst | 2015 bis 2018 Mitglied in der „ART15", Künstlerhaus und Galerie im Bremer Schnoor | 2016 bis 2017 Mitglied „Kitz Art Kunst- und Kulturverein", Kitzbühel | 2016 Publikumspreisträgerin (3. Platz) des Künstlerpreises ARThur, Internationale Kunstausstellung FORM(A)RT, Glinde, Nominierung für den Kitz Award | seit einigen Jahren vertreten in Galerien in ganz Deutschland

Ob unsere Landschaft mich als Künstlerin inspiriert? Ehrlich gesagt, nein, nicht bei meinen Bronzen. Trotzdem brauche ich die Natur um mich herum. Verkehrslärm und enge Wohngebiete, das ist nichts für mich. Wenn ich rausgucken kann und es ist grün, dann fühle ich mich wohl. Das ist mir sogar lieber als das Meer.

Meine Kindheit in Thedinghausen war geprägt von sehr viel Freiheit. Im Sommer paddelte ich mit dem Schlauchboot auf dem Flüsschen Eiter herum. Genau wie meine beste Freundin hatte ich ein Pony, und manchmal gingen wir alle vier zusammen schwimmen: Wir Mädchen auf dem Rücken der Tiere. Wenn wir aus dem Wasser kamen, schmissen sich die Ponys in den Sand und wälzten sich trocken. Damals war ich zehn Jahre alt, und das Leben war ein bisschen wie bei Pippi Langstrumpf.

Als gelernte Erzieherin habe ich mir einen Sinn für das Kindliche bewahrt, für Lebendigkeit und Lebensfreude. Diese Eigenschaften sind es, die meine Skulpturen heute zu echten Wichmännern machen – den „Kleinen Karohosenkönig" mit der Knollennase genauso wie die „runden Frauen" oder die weltentrückten „Sternengucker". Solche Posen voller Leichtigkeit einzufangen, ist allerdings eine echte Präzisionsarbeit. Schon beim Gestalten der Wachsmodelle muss jedes Detail stimmen: Hier versuche ich eine andere Kopfneigung, dort einen dickeren Popo oder einen runderen Bauch. Erst wenn ich verliebt bin, ist das Stück für mich fertig.

Ich bin ein visueller Typ. Ich gehe mit offenen Augen durch die Welt, nehme viel auf – immer und überall. Mein Kopf ist immer voll, aber um kreativ zu sein, brauche ich Muße, Zeit und Lust. Am liebsten arbeite ich nachts, wenn keiner stört. Keine Anrufe, keine WhatsApps. Dann sitze ich in meinem Atelier, trinke vielleicht ein Glas Rotwein, höre lustige Musik und tauche stundenlang in den Schaffensprozess ein.

**ES GIBT JA DAS VORURTEIL, WIR NORDDEUTSCHEN SEIEN TROCKEN UND LANGWEILIG. ICH HALTE NICHT SO VIEL VON VERALLGEMEINERUNGEN. MEISTENS TREFFE ICH AUF NETTE MENSCHEN.**

Es gibt ja das Vorurteil, wir Norddeutschen seien trocken und langweilig. Ich halte nicht so viel von Verallgemeinerungen, denn meistens treffe ich auf nette Menschen. Vor allem, wenn ich mit meinen Bronzen unterwegs bin. Grummelheinis bleiben an meinem Stand gar nicht erst stehen. An der norddeutschen Mentalität mag ich das Handfeste, das Bodenständige. Dazu gehören auch die alten Backsteinhäuser, die so typisch für unsere Gegend sind. Außerdem mag ich die Weser, den Streek, die Buhnen und die kleinen Strandabschnitte, die man zum Teil nur mit dem Boot erreichen kann. So ein Ausflug dorthin, das ist wie Urlaub.

Dass ich heute von meiner Kunst leben kann, sogar Werke in die USA verschicke, empfinde ich als großes Glück. Und dass die Herstellung extrem aufwendig ist und ich körperlich manchmal an meine Grenzen gerate, nehme ich gerne in Kauf. Das Material ist schwer: Schon eine zehn Zentimeter hohe Figur kommt auf 700 Gramm, die Bronze „Jipiieee mit Krönchen" in 1,40 Meter bringt stolze 100 Kilo auf die Waage.

Umso erstaunlicher ist es, dass meine „Sternengucker" schon die ganze Welt gesehen haben: von Frankreich bis zum Gazastreifen, von Timbuktu bis Chile, von Guadeloupe bis zum „Walk of Fame" in Los Angeles. Sie sind wie kleine Globetrotter, die im Koffer ihrer Besitzer mitreisen und sich staunend vor Sehenswürdigkeiten und Panoramen fotografieren lassen. Die ersten Fotos der Figurengruppe entstanden aus einer Laune heraus, inzwischen ist es für manche Leute ein richtiges Hobby geworden, die zwei Kilo schwere Bronze an immer neue Schauplätze zu bringen und mir die Bilder zu schicken, die ich übrigens auf meiner Webseite zeige. Sorgen, dass die Sternengucker unter den Urlaubsreisen leiden, muss man sich nicht machen. Das Material wird durch Beanspruchung eigentlich immer schöner. Nur die Schwefelquelle, in die ich sie mal gesetzt habe, hat die Bronze mir übelgenommen und ist angelaufen.

Als Kind konnte ich dem Reisen gar nichts abgewinnen. Wenn ich ins Schullandheim oder auf eine Ferienfreizeit musste, habe ich immer unter Heimweh gelitten. Heute kann ich es genießen, mit meiner Kunst unterwegs zu sein. Aber dann bin ich auch gerne wieder zu Hause. Auf dem Sofa zu liegen und die Füße hochzulegen: Das finde ich herrlich.

Ein Wahrzeichen der Stadt: die Windmühle in Achim

Stadtwerke Achim AG

# Voller Energie für den Landkreis

Vorstandssprecher Sven Feht

Schon seit mehr als 100 Jahren versorgen die Stadtwerke Achim die Menschen im Landkreis Verden mit Energie. Mit Strom, Gas und Fernwärme machen sie ein gutes Leben und Arbeiten möglich – 24 Stunden am Tag, sieben Tage die Woche und 365 Tage im Jahr. Als Energieversorger fühlen sich die Stadtwerke den Menschen in Achim, Oyten, Ottersberg und Langwedel verbunden und liefern deshalb nicht nur Strom und Wärme in die Haushalte und Unternehmen, sondern unterstützen darüber hinaus auch viele soziale Projekte, Sport und Kultur.

Ein Achimer, dem diese Verbindung sehr am Herzen liegt, ist Sven Feht. Der Vorstandssprecher begann seine Karriere bei den Stadtwerken schon 1988, und zwar mit einer Ausbildung zum Energieanlagenelektroniker. Sein beruflicher Weg führte ihn weiter über ein Studium und verschiedene Stationen im Unternehmen bis heute in den Vorstand des lokalen Energieversorgers. Im Namen der Stadtwerke engagiert er sich für zahlreiche Projekte, die das Leben im Landkreis verbessern.

„Bei allem Engagement ist es uns wichtig, gleichermaßen fair und wirtschaftlich zu handeln. Zufrieden sind wir erst dann, wenn wir unseren Kunden Qualität zum bestmöglichen Preis anbieten können – ohne viel Schnickschnack", betont Sven Feht. Rund 90 qualifizierte Mitarbeiter gewährleisten dies durch ihre tägliche Arbeit, angefangen bei der permanenten Wartung, Instandhaltung und Überwachung der Netze über einen kompetenten Energieeinkauf und -vertrieb bis hin zur Abrechnung. Damit das so bleibt, bilden sich nicht nur die Mitarbeiter ständig weiter, auch für den Nachwuchs bieten die Stadtwerke Zukunftsperspektiven und Entwicklungschancen im kaufmännischen und im technischen Bereich.

Die Zukunft stets im Blick, bauen die Stadtwerke heute moderne und umweltfreundliche Angebote wie Naturstrom und Solarenergie kontinuierlich aus. Als erfahrener Spezialist im Umgang mit Strom ist der Energieversorger Privat- und Gewerbekunden zudem ein qualifizierter Partner für die neuen Herausforderungen rund um die E-Mobilität. Ein eigenes Fernwärmenetz, Solaranlagen sowie die wirtschaftliche Beteiligung an Windkraftanlagen gehören zu den Stadtwerken Achim, für die auch in Zukunft eine nachhaltige und zuverlässige Versorgung mit Energie im Fokus stehen wird.

*Stadtwerke Achim AG*
Gaswerkstraße 7 · 28832 Achim
www.stadtwerke-achim.de

menschlich vielleicht die wichtigste Erfahrung in meinem Leben. Bis dato war ich davon ausgegangen, dass die Dirigentenlaufbahn mir nicht offenstand, weil ich Klavier nur als Nebenfach studiert hatte. An einer Hochschule wäre ich für das Studienfach Dirigieren nur mit sehr viel Mühe zugelassen worden. Als ich das Daniel Barenboim gegenüber erwähnte, reagierte er entsetzt: „Was hat denn das eine mit dem anderen zu tun?" Auf sein Anraten hin belegte ich Meisterkurse bei befreundeten Dirigenten und eignete mir die Orchesterleitung „learning by doing" an. Im Nachhinein bin ich froh, dass ich das Fach nicht studiert habe. An der Hochschule lernt man zwar alle Standardsituationen, aber auch viele Ansätze, die inzwischen vielleicht ein bisschen überholt sind. Ab 2007 hatte ich dann meine ersten vereinzelten Engagements als Dirigent. Das war wie der sprichwörtliche Sprung ins kalte Wasser, schließlich hat man zu Hause kein Orchester zum Üben.

Erst heute, zwölf Jahre nach dem Seitenwechsel, kommt langsam das Gefühl von Routine auf – obwohl man in diesem Job nie allzu lange am gleichen Ort bleibt. Denn alle drei bis maximal acht Jahre verpflichten die Orchester einen neuen Dirigenten. Das ist wie beim Fußball. Der Trainer kann so gut sein wie er will, nach einiger Zeit braucht die Mannschaft frischen Wind und neue Ideen. In meiner Branche bedeutet das: Man muss schon während eines Engagements viele Kontakte aufbauen und sich gut vernetzen, damit man nach Vertragsende schnell etwas Neues findet. Inzwischen habe ich so schon die halbe Welt bereist und glaube, ich könnte überall zu Hause sein. Doch wenn ich Zeit habe, versuche ich nach Verden zu kommen. Ich brauche dann kein großes Programm, keine Ausflüge in die Umgebung. Es genügt mir, meine Mutter zu besuchen, am Blender See zu sitzen, ein Glas Weißwein zu trinken und vielleicht mal ein bisschen mit dem Boot rauszufahren. Einmal im Jahr wiederum bin ich ganz offiziell hier für die „Maiklänge". Das dreitägige internationale Kammermusik-Festival am Verdener Domgymnasium veranstalte ich zusammen mit Musiklehrer Michael Spöring. Gemeinsam holen wir namhafte Künstler aus aller Welt nach Verden. Konzerte auf höchstem Niveau locken Besucher aus ganz Deutschland an die Aller. Die Dom-Schüler sind am Projekt mitbeteiligt. Sie verfassen die Texte im Programmheft, besuchen Proben und Konzerte und einige von ihnen werden ausgewählt für eine ganz besondere Ehre: einen Meisterkurs mit einem der Musiker. So etwas hätte ich mir in meiner Jugend sehr gewünscht. Als Schüler habe ich am Domgymnasium in der Big Band und im Schulorchester gespielt, im Kammerchor und im Großen Chor gesungen. Ich war immer gerne dort in dem schönen alten Bau mit seiner tollen Atmosphäre. Von daher fühlt es sich richtig an, dass die Aula des Domgymnasiums einer der wenigen Orte in Deutschland ist, wo ich selbst noch am Kontrabass zu hören bin. Sonst muss man dafür nach Berlin, Jerusalem, Italien oder Japan reisen.

Ich hatte immer die Idee, so ein Festival in meiner Heimatstadt zu etablieren – vor allem, um den Menschen im Landkreis etwas zurückzugeben. Ich mag Kleinstädte, wenn sie nicht einschlafen. Eine kulturell belebte Kleinstadt ist für mich das Paradies. Deswegen habe ich in den vergangenen drei Jahren eine Menge Freundschaftsdienste von hervorragenden Musikern eingefordert, die für kaum mehr als ein angenehmes Rahmenprogramm nach Verden gekommen sind. Das funktioniert aber nur begrenzt. Auf lange Sicht brauchen die Maiklänge ein richtiges Budget, damit die Künstler eine angemessene Gage erhalten. 2019 wurden unsere Konzerte vom NDR und Deutschlandfunk Berlin übertragen. Wir hoffen, dass wir mit dieser medialen Aufmerksamkeit das Interesse der öffentlichen Hand und potentieller Sponsoren gewinnen.

**IN ACHIM NAHM ICH MEINEN ERSTEN KONTRABASSUNTERRICHT BEI THOMAS ZSCHERPE. IHM HABE ICH MEINE MUSIKALISCHE LAUFBAHN ZU VERDANKEN – DENN DASS ICH IN JUNGEN JAHREN SO GUTEN UNTERRICHT BEKOMMEN HABE, HAT DIE WEICHEN FÜR DIE SPÄTERE AUSBILDUNG GESTELLT.**

Der Dom zu Verden

Die Musikschule in Achim

LANDKREIS VERDEN – GANZ PERSÖNLICH

Die Weser in der Abendsonne

Orchester, aber die sind rar gesät. Zum Glück habe ich damals nicht auf ihn gehört, und inzwischen hat Thomas eingesehen, dass die Entscheidung wohl richtig war.

Viele Jahre habe ich neben meiner Anstellung bei den Berliner Philharmonikern auch als Kontrabassist im West-Eastern Divan Orchestra von Daniel Barenboim gespielt, in dem junge Musiker aus arabischen Ländern, Israel und den palästinensischen Autonomiegebieten zusammen Musik machen. Das war nicht nur musikalisch, sondern auch

**MIT DEN „MAIKLÄNGEN" MÖCHTE ICH DEN MENSCHEN IM LANDKREIS ETWAS ZURÜCKGEBEN. ICH MAG KLEINSTÄDTE, WENN SIE NICHT EINSCHLAFEN. EINE KULTURELL BELEBTE KLEINSTADT IST FÜR MICH DAS PARADIES.**

*Nabil Shehata*

# Eine Liebe auf den ersten Ton

**Meinen Entschluss, Berufsmusiker zu werden, habe ich nie bereut. Musik ist mein Leben. Ich sehe das nicht als Arbeit an. Ich möchte Musik machen, solange ich stehen kann.**

**Nabil Shehata** geb. 1980 | 1999 bis 2003 Musikstudium (Kontrabass und Klavier) bei Prof. Michinori Bunya in Würzburg und Prof. Esko Laine in Berlin | 2003 erster Solokontrabassist in der Berliner Staatsoper sowie 2004 bis 2008 bei den Berliner Philharmonikern | 2003 bis 2011 Mitglied im West-Eastern Divan Orchester | 2006 Beginn der Arbeit als Dirigent sowie Privatstudium „Dirigieren", 2007 Dirigierdebut in Cottbus, anschließend Dirigent von Orchestern auf der ganzen Welt | 2007 bis 2018 Professor an der Hochschule für Kontrabass an der Musikhochschule München | 2011 bis 2019 Chefdirigent der Münchner Kammeroper | seit 2019 Chefdirigent der Philharmonie Südwestfalen | Gewinner zahlreicher internationaler Musikwettbewerbe | Gründer und Veranstalter des Kammermusikfestivals „Maiklänge" in Verden

Ich bin der Sohn deutsch-ägyptischer Eltern. Meine Familie ist in den Landkreis Verden gezogen, als ich vier Jahre alt war. Die Leidenschaft für Musik haben meine drei Geschwister und ich von meiner Mutter, die Musiklehrerin am Verdener Domgymnasium war. Mit sechs Jahren erhielt ich von ihr den ersten Klavierunterricht. Später sollte ich Cello lernen, aber dagegen setzte ich mich zur Wehr. Der Grund war eine Melodie aus dem Radio, die es mir angetan hatte: Das war Liebe auf den ersten Ton! Damit stand mein Entschluss fest. Genau dieses Instrument wollte ich spielen. Ich hielt es für einen Kontrabass. Damals war ich neun Jahre alt und viel zu klein für so ein mächtiges Instrument. Heute gibt es Kontrabässe, genau wie Geigen und Gitarren, schon in Kindergrößen. Man bekommt sogenannte 1/16 oder 1/32 Bässe. Zu meiner Zeit was das noch schwieriger. Immerhin fanden wir mit etwas Glück einen ¼ Bass in Bremen.

In Achim nahm ich meinen ersten Kontrabassunterricht bei Thomas Zscherpe. Ihm habe ich meine musikalische Laufbahn zu verdanken – denn dass ich in jungen Jahren so guten Unterricht bekommen habe, hat die Weichen für die spätere Ausbildung gestellt. Es war wie Laufen lernen. Er sorgte dafür, dass ich ein Gefühl für das Instrument entwickelte ohne es unnötig kompliziert zu machen. Diese Methode habe ich für meine eigenen Studenten übernommen. Nachwuchsförderung ist mir ungemein wichtig. Alle, die es mit ihrem Instrument weit gebracht haben, sind dazu verpflichtet, ihre Erfahrungen weiterzugeben, finde ich. Mit 14 wusste ich, dass ich Berufsmusiker werden wollte. Thomas Zscherpe hat mir dringend abgeraten: „Tu das nicht!" Er wollte mir eine schwierige Zukunft ersparen. 70 Prozent der Menschen in unserer Branche sind unzufrieden, leider ist das die Realität. Zu viele Musiker träumen von einer attraktiven Stelle in einem großen

POLO Filter-Technik Bremen GmbH

# Filteranlagen nach Maß

Geschäftsführer Lutz Funk-Dinglinger

Wer Filter hört, denkt an Kaffee- oder Zigarettenfilter. „Filter ist so allgemein und so speziell, dass sich niemand etwas Genaues darunter vorstellen kann", sinniert POLO-Geschäftsführer Lutz Funk-Dinglinger über sein Geschäftsfeld. Dass Filteranlagen bei der Produktion von Alltagsgegenständen eine Rolle spielen, daran denken die wenigsten. So kommen POLO-Filteranlagen beim Schleifen von Messern, Werkzeugen oder Brillengläsern ebenso zum Einsatz wie im Bau von Flugzeug- und Autoteilen. Die für industrielle Schleifprozesse benötigten und verunreinigten Flüssigkeiten werden mit Hilfe von Filteranlagen für die Wiederverwendung aufbereitet. POLO sichert so den Wasserkreislauf innerhalb des Produktionsprozesses und trägt zur Kostensenkung und Nachhaltigkeit seiner Kunden bei.

Ebenso wenig bekannt ist die Vielfalt an Filtermöglichkeiten. Unterschiedliche Ausgangsstoffe erfordern unterschiedliches Filtermaterial und -equipment. POLO steht mit seiner langjährigen Erfahrung dem Kunden mit individuellen Produktlösungen zur Seite. „Fordern Sie uns!", lädt Funk-Dinglinger seine Kunden stets aufs Neue ein. Im firmeneigenen Labor wird das optimale Ergebnis für den Einzelkunden erarbeitet. Während Wettbewerber auf Serienlieferung setzen, steht bei POLO die kundenspezifische Produktlösung im Fokus. Filteranlagen mit einer Porengröße bis zu drei µm (Mü) sind möglich. Das entspricht etwa dem Zwanzigstel eines menschlichen Haares. Die eigentliche Filtrationsarbeit macht dabei ein Filtervlies. Die Vliese werden firmenintern entwickelt und neben der Verwendung in den eigenen Anlagen auch im Versand angeboten. Der Einsatz des richtigen Vlieses ist Erfahrungssache und kann bei Bedarf schnell angepasst werden. „Insgesamt ist Filtration sehr empirisch: Man braucht die praktischen Erfahrungswerte unbedingt", beschreibt Funk-Dinglinger die Arbeitsweise seines Unternehmens. So hielt es schon 1949 sein Großvater bei Gründung des Unternehmens. Als Flüchtling aus dem thüringischen Schmalkalden in Uphusen gelandet, begann er mit dem Bau von Filtertürmen für Schiffsdieselmotoren. Er schuf sich seine Existenz in Bremen und später im Landkreis Verden. Heute, 70 Jahre später, ist POLO ein international agierendes Unternehmen im Bereich industrieller Filtration, welches noch immer in Familienhand geführt wird.

*POLO Filter-Technik Bremen GmbH*
In den Ellern 6 · 28832 Achim
www.polo-filter.com

sitzen, die Hunde die Witterung der Anisspur aufnehmen und es in freier Natur 15 bis 18 Kilometer über Weiden und Hindernisse wie Hecken, Gräben und Koppelricks geht, dann denken Sie an nichts anderes. Mitunter nahmen bis zu 80 Reiter an unseren Jagden teil. Schließlich bietet unsere Aller-Weser-Marsch eine einzigartige, herrliche Kulisse. Auch die englische Kavallerie, zu der wir einen guten Kontakt hatten, machte begeistert mit.

Das Schöne ist: Bei der Schleppjagd geht es nicht um erste, zweite oder dritte Plätze. Das wichtigste Ziel ist, heil anzukommen. Mit Stürzen muss man jederzeit rechnen, und oft musste ich entlang der Strecke auch gleich die Erstversorgung der Reiter übernehmen. Auch ich blieb von Unfällen nicht verschont. Sechsmal habe ich mir auf der Jagd etwas gebrochen, zum Beispiel Schulterblatt oder Schlüsselbein. Aber das Vergnügen war es mir wert.

2002 ist mein zweitältester Sohn Matthias in meine Fußstapfen getreten. Somit wird unsere Praxis in Thedinghausen in vierter Generation weitergeführt, was sicher nicht oft vorkommt. Und dass wir in diesem Jahr das 125-jährige Praxisjubiläum feiern können, ist natürlich eine ganz besondere Freude.

**SCHLIEẞLICH BIETET UNSERE ALLER-WESER-MARSCH EINE EINZIGARTIGE, HERRLICHE KULISSE. AUCH DIE ENGLISCHE KAVALLERIE, ZU DER WIR EINEN GUTEN KONTAKT HATTEN, MACHTE BEGEISTERT MIT.**

Schloss Erbhof in Thedinghausen – eine „Perle der Weserrenaissance": der vor fast 400 Jahren durch den Bremer Erzbischof Johann Friedrich von Holstein-Gottorf für seine Geliebte Gertrud von Hermeling-Heimbruch erbaute Herrensitz

Schon mein Großvater, Dr. Dietrich Röpke, war Landarzt in Thedinghausen. Er hatte die Praxis im Jahr 1894 von seinem Vorgänger Dr. Vetterlein übernommen – und schnell den Bedarf für eine bessere ärztliche Versorgung erkannt. Nur drei Jahre später gründete er ein einstöckiges Krankenhaus in der Bürgerei. Zu den von damals überlieferten Geschichten gehört, dass der „Narkosearzt" ein ehemaliger Binnenschiffer war und dass die Eisenbahn Richtung Bremen weniger nach Fahrplan als nach OP-Plan fuhr. Aus diesen Anfängen entwickelte sich Schritt für Schritt ein modernes Haus mit 45 Betten, Röntgenabteilung, OP-Saal sowie einer Geburtenabteilung mit einer sehr guten Hebamme, die rund 200 Babys im Jahr auf die Welt holte.

Nach meinem Vater, Dr. Eduard Röpke, war ich der dritte Arzt in der Familie, der das Erbe meines Großvaters antrat: die Leitung des Krankenhauses zusammen mit der Landarztpraxis. Das war 1967. Damals war ich Anfang 30 und hatte Ausbildungen zum Allgemeinarzt, Chirurgen und Kinderchirurgen abgeschlossen. Ich muss gestehen, ich habe getan, als ob es mein Krankenhaus wäre: Ich fühlte mich verantwortlich für alles, was dort passierte. Die erste von drei Visiten täglich fand schon vor dem Frühstück statt, und auch am Wochenende war ich dort. Die Arbeit als Chirurg fehlte mir, als das Krankenhaus 1993 geschlossen wurde. Aber dass die Unterhaltung eines so kleinen Hospitals auf die Dauer nicht wirtschaftlich ist, leuchtete mir natürlich ein.

Als langjähriges Gemeinderatsmitglied hatte ich einen guten Draht zu den Lokalpolitikern, und viele Ideen ließen sich auf dem kurzen Dienstweg umsetzen – etwa bei einer Flasche Wein mit dem Bürgermeister. Das war effektiv: Man konnte etwas bewegen, allerdings musste man es dann auch selbst in die Tat umsetzen. Ein drängendes Problem waren zum Beispiel die vielen Autounfälle in der Samtgemeinde. Natürlich fühlte man sich verantwortlich für all die Leute, die in der Gegend gegen einen Baum fuhren. Ich hatte vom „Rendezvous-System" gehört – das bedeutet, dass Notarzt und Krankenwagen in separaten Fahrzeugen gleichzeitig zu einer Unfallstelle aufbrechen, was eine schnellere, flexiblere Versorgung ermöglicht. 1967 holte ich also alle Kollegen auf ein Bier zusammen und wir beschlossen, das so zu machen. Die Eigeninitiative zahlte sich aus, unser Vorgehen funktionierte besser als das in der Umgebung. Später wurde das Rendezvous-System auch in Kreisstädten wie Verden und Achim etabliert.

In den 70er-Jahren rückte die Versorgung der älteren Leute in den Fokus: Immer mehr Senioren waren auf Hilfe im Alltag angewiesen, die Gemeindeschwester kam alleine nicht hinterher. Um Abhilfe zu schaffen, nahm ich die Gründung einer kommunalen Sozialstation in die Hand – die zweite Einrichtung ihrer Art in Niedersachsen, die inzwischen seit mehr als 40 Jahren erfolgreich arbeitet.

Was mir besonders am Herzen lag, war meine therapeutische Reitgruppe für Kinder mit körperlichen oder geistigen Behinderungen. Ich hatte von solchen Angeboten gelesen, und da es im Reitverein Thedinghausen ein geeignetes Voltigierpferd gab, suchte ich fünf Kinder aus und legte los. Heutzutage gibt es in Sachen Reittherapie die verschiedensten Methoden, aber das Prinzip ist immer das Gleiche: Im Schritt hat das Pferd das gleiche Bewegungsmuster wie ein gehender Mensch. Durch das Reiten wird das Zusammenspiel der Muskeln gefördert. Diese motorischen Effekte sind für Kinder mit Behinderung doppelt wertvoll, und zudem haben sie ganz einfach Freude. Unsere wöchentliche Reitstunde durfte ich keinesfalls ausfallen lassen, die Kinder waren dann so enttäuscht. Meine Belohnung war es zu beobachten, wie die jungen Reiter im Zusammenspiel mit dem Pferd regelrecht aufblühten und in ihrer Entwicklung deutliche Fortschritte machten.

Meine Tage waren gut ausgefüllt – zu jeder Tages- und Nachtzeit erreichbar zu sein, war eine Selbstverständlichkeit. Unser Wohnzimmer war gleichzeitig die Notruf-Zentrale, betreut von meiner Frau Sigrid, die mich über Funk im Auto alarmieren konnte. Die Familie kam im Alltag immer zu kurz, auch Urlaube gab es kaum. Umso wichtiger war es mir, beim Reiten Zeit mit meinen drei Söhnen zu verbringen. Das Reiten war mein wichtigster Ausgleich zum Beruf und meine Passion, vor allem die Schleppjagden hinter den Hunden. Mehr als 500 Jagden habe ich in 35 Jahren hinter der Niedersachsenmeute geritten. Wenn Sie auf dem Pferd

**ALS LANGJÄHRIGES GEMEINDERATSMITGLIED HATTE ICH EINEN GUTEN DRAHT ZU DEN LOKALPOLITIKERN, UND VIELE IDEEN LIESSEN SICH AUF DEM KURZEN DIENSTWEG UMSETZEN – ETWA BEI EINER FLASCHE WEIN MIT DEM BÜRGERMEISTER.**

*Dr. Thomas Röpke*

# Von Pflicht, Passion und Idealismus

Eine Landarztpraxis in dritter Generation zu führen, ist schon etwas Besonderes. Vor allem, wenn dazu auch noch die Leitung eines Krankenhauses gehört. Meine Tage waren immer ausgefüllt.

*Dr. Thomas Röpke geb. 1934, verheiratet, drei Kinder | Abitur in Bremen | Studium der Allgemeinmedizin, Chirurgie und Kinderchirurgie in Würzburg | 1967 Übernahme der Landarztpraxis und Leitung des Kreiskrankenhauses Thedinghausen | Begründung eines Rettungsdienstes in Eigeninitiative nach dem bis heute bestehenden Rendezvous-System | Etablierung der bis heute tätigen Sozialstation der Samtgemeinde Thedinghausen | ehrenamtliche Arbeit mit Kindern und Jugendlichen in der Reittherapie | ehrenamtlicher Einsatz im afrikanischen Tansania für die Ausbildung junger Assistenzärzte*

Wertstoffbetrieb Bernd Löbl e.K.

# Sammlung & Recycling

Luftaufnahme des Wertstoffhofs Löbl in Verden

Geschäftsführer Bernd Löbl, in dritter Generation verantwortlich für den Wertstoffbetrieb

Wo gehobelt wird, da fallen Späne – und wo produziert und verbraucht wird, da bleibt oft mehr als Abfall übrig. Die Umwelt und das Klima zu schützen sowie Ressourcen zu schonen, sind Ziele der deutschen Abfallwirtschaft. Der Wertstoffbetrieb Bernd Löbl e.K. in Verden ist ein zertifizierter Spezialist für die Sammlung und das Recycling von Wertstoffen, also allen Stoffen, die nach ihrem Gebrauch wiederverwendet werden können.

Bernd Löbl und sein Team aus rund 20 Mitarbeitern stehen den Unternehmen und Haushalten im Landkreis zur Seite, um die Wertstoffe in den Wirtschaftskreislauf zurückzubringen. Die Experten kümmern sich um Altpapier und Sperrmüll, Autoreifen, Altmetall, Holz, Kunststoffe und Produktionsabfälle bis hin zu Bauschutt. Mit rund 200 Containern und sieben Fahrzeugen transportieren sie die wertvolle Fracht zügig und sauber, um sie schließlich zu bearbeiten und sie dem Produktionskreislauf wieder zur Verfügung zu stellen.

Seit der Gründung befindet sich das Unternehmen in Familienhand. Im Jahr 1920 mietete Adolf Löbl sen. in Chemnitz einen Schrottplatz an. Sein Sohn Adolf Löbl jun. wanderte 1957 aus der DDR nach Bremen aus. Um seine Frau und seine Söhne Ulrich und Bernd nachholen zu können, verdiente er sich sein Geld mit dem Einsammeln von Schrott, Altmetallen und

**WIR WERDEN AUCH IN ZUKUNFT DIE WERTSTOFFE IN DER REGION SICHERN. DAFÜR SETZEN WIR UNS MIT UNSERER ERFAHRUNG EIN.**

Altkleidern. Die übrigen Familienmitglieder kamen noch rechtzeitig vor dem Mauerbau nach Bremen. Im Jahr 1960 mieteten sie ein erstes Grundstück in Verden an. Dort wuchs der Betrieb mit Unterstützung der beiden Söhne: Lastwagen wurden angeschafft und eine erste Presse gekauft. 1974 erwarb die Familie das heutige Grundstück in der Max-Planck-Straße in Verden. Dort wurde die erste große Schrottschere erbaut, Bagger gekauft und mehrere Mitarbeiter eingestellt. Bis heute konnte sich das Familienunternehmen allen Herausforderungen des Marktes erfolgreich stellen.

„Wir werden auch in Zukunft die Wertstoffe in der Region sichern. Dafür setzen wir uns mit unserer Erfahrung ein", sagt Bernd Löbl.

*Bernd Löbl e.K.*
Max-Planck-Straße 22
27283 Verden (Aller)

schaftsbild und die netten, offenen Menschen in der Region haben es mir und meinem Mann leichtgemacht in Verden anzukommen. Wir konnten uns direkt vorstellen, hier zu leben, haben nun ein eigenes Haus mit Garten – fast genau auf der Hälfte des Weges zwischen Pferdemuseum und Pferdestall.

Mir passiert es recht häufig, dass ich Verden versehentlich mit „Pf" schreibe. Das Pferd hat in dieser Region eine andere Präsenz als andernorts in Niedersachsen. Seit jeher nimmt das Pferd in dieser Gegend eine besondere Rolle ein. Bereits 1890 gründeten Verdener Bürger, Landwirte der Umgebung und Offiziere der Garnison den Verdener Rennverein. Dieser begann nach dem Ersten Weltkrieg auch mit der Ausrichtung von Reitturnieren. In den Jahren bis zum Zweiten Weltkrieg wurden die Verdener „Großturniere" zur überregionalen Attraktion. An den Turniertagen zählte man bis zu 50.000 Besucher in der Stadt, die damals etwa 10.000 Einwohner hatte. So ist es wenig verwunderlich, dass der Verdener Heimatbund bereits in den 1920er-Jahren damit begann, erste hippologische Fotos, Zeitungsausschnitte und Dokumente zu sammeln. Eine schlichte Sammelmappe mit der Aufschrift „Das Verdener Pferd 1924" gilt als Anfang des Deutschen Pferdemuseums und legte den Grundstein für eine pferdekundliche Sammlung, die heute in Deutschland einzigartig ist.

„Ein Museum für das Pferd?!?" Sicherlich gibt es Leute, die sich fragen, woher damals die Idee gekommen sein mag. Als wichtigster Helfer in der Landwirtschaft, im Transport, im Bergbau oder im Krieg war das Pferd jedoch über Jahrtausende ein enger und unverzichtbarer Partner des Menschen und somit auch prägend für die gesellschaftliche Entwicklung. Durch die Mechanisierung und Motorisierung hat das Pferd einen tiefgreifenden Funktionswandel und -verlust erfahren, was zu einer rasanten Abnahme der Pferdebestände führte. In den 1960er-Jahren keimten in der Gesellschaft gar Befürchtungen auf, das Pferd könne gänzlich verschwinden. Aus dieser Sorge heraus appellierten Züchter und Pferdefreunde bundesweit auf Kundgebungen: „Das Pferd muss bleiben!" Getragen von dieser Stimmung und mit großer Unterstützung aus der Bevölkerung, von Stadt und Landkreis Verden sowie der Deutschen Reiterlichen Vereinigung (FN) wurde das Museum 1965 schließlich aus dem Verdener Heimatbund herausgelöst und verselbstständigt.

Von bedeutenden Hippologen wie Erich Clausen und Hans-Joachim Köhler inhaltlich weiterentwickelt und ausgebaut, verfügt das Museum heute über eine national bedeutsame Objektsammlung, eine umfassende hippologische Fachbibliothek und ein historisches Fotoarchiv zum Thema Pferdesport und Pferdezucht.

Heute präsentiert das Deutsche Pferdemuseum in der einstigen Kavalleriekaserne am Holzmarkt, direkt neben dem Verdener Bahnhof, informativ und erlebnisreich die spannende Geschichte zwischen Mensch und Pferd von der Entwicklung des Urpferdes vor 55 Millionen Jahren bis zum aktuellen Reitsport. Mit der umfassenden Dauerausstellung und thematisch wechselnden Sonderausstellungen spiegelt das Museum die immense Rolle des Pferdes für die Menschheit in Geschichte, Gegenwart und Zukunft wider.

**DAS GESAMTE MUSEUMSTEAM SORGT MIT GROSSEM ENGAGEMENT UND VIEL HERZBLUT DAFÜR, DASS DAS DEUTSCHE PFERDEMUSEUM IM PFERDELAND NIEDERSACHSEN, DEM LANDKREIS VERDEN UND DER STADT VERDEN ALS BESONDERES AUSFLUGSZIEL WAHRGENOMMEN WIRD.**

Seit fast zehn Jahren bin ich nun Teil des großartigen Teams des Deutschen Pferdemuseums. Die Museumsarbeit ist nachhaltig geprägt von der persönlichen Verbundenheit und großen Begeisterung für das Thema Pferd sowie für das Museum selbst. Das gesamte Museumsteam sorgt mit großem Engagement und viel Herzblut dafür, dass das Deutsche Pferdemuseum im Pferdeland Niedersachsen, dem Landkreis Verden und der Stadt Verden als besonderes Ausflugsziel wahrgenommen wird und mit seinem umfassenden Veranstaltungsprogramm, zahlreichen Führungsangeboten und verschiedensten museumspädagogischen Aktionen und Programmen einen attraktiven Treffpunkt für Kultur- und Pferdeinteressierte bildet.

Das Rathaus in Verden

Ausstellung im Pferdemuseum: die Entwicklung des Pferdes und seine Anatomie

## HIN UND WIEDER PASSIERT ES MIR, DASS ICH VERDEN MIT „PF" SCHREIBE... DAS PFERD HAT IN DIESER REGION EINE ANDERE PRÄSENZ ALS ANDERNORTS IN NIEDERSACHSEN.

immer einen Ausflug wert und lockte mit den zahlreichen hochkarätigen Pferdesport- und Pferdezuchtveranstaltungen: Auktionen, Gala-Abende und Hengstmarkt des Hannoveraner Verbandes, Hengstvorführungen in der Niedersachsenhalle, Deutsche Meisterschaft, Europameisterschaft und natürlich die Weltmeisterschaft der jungen Dressurpferde auf dem tollen Gelände an der Lindhooper Straße rund um das traditionsreiche Verdener Stadion.

Es war wie der Sechser im Lotto, als ich 2009 die Stelle als Assistenz der Museumsleitung im Deutschen Pferdemuseum antreten durfte. Ich habe mich im Museum, in der Stadt, im Landkreis Verden sofort wohlgefühlt: Die schöne Innenstadt mit den herrlichen, historischen und geschichtsträchtigen Gebäuden, die attraktive Lage an der Aller und in unmittelbarer Nähe der Weser, das vielfältige kulturelle Angebot in der Region, die Märkte, die zahlreichen Restaurants und Cafés, die vielfältige Landschaft mit Wäldern, Wiesen und Heideflächen, die Omnipräsenz des Pferdes im Stadt- und Land-

Tempelhüter-Skulptur vor dem Deutschen Pferdemuseum

*Ina Rohlfing*

# Pferdisches Verden

**Mein Opa war es, der mich mit seiner Begeisterung für die Pferde ansteckte. Seine unzähligen Geschichten begeisterten mich schon als kleines Kind.**

**Ina Rohlfing** geb. 1981 in Damme, verheiratet | nach dem Abitur im Jahr 2001 Tourismusmanagement-Studium | 2005 bis 2009 Leitung der Touristik- und Marketing GmbH Hallenberg im Sauerland | seit August 2009 beschäftigt im Deutschen Pferdemuseum in Verden, seit Januar 2015 Leitung Verwaltung, Finanzen und Personal im Deutschen Pferdemuseum | aktive Reiterin seit Kindesbeinen, Besitzerin einer Hannoveraner Stute | Mitglied im Reitverein Graf von Schmettow und Reitverein Aller Weser

Die Erzählungen meines Opas waren Geschichten aus einer Zeit, in der Pferde im Alltag der Menschen einfach dazugehörten und nicht wegzudenken waren – Geschichten von Erlebnissen mit den Pferden auf dem Hof, dem Acker, beim Schützenumzug, von sonntäglichen Kutschfahrten und Ausritten. Heute mit meiner Arbeit im Deutschen Pferdemuseum einen Beitrag dazu leisten zu können, dass die große Bedeutung, die das Pferd über Jahrhunderte für den Menschen hatte, nicht in Vergessenheit gerät, bereitet mir unendlich viel Freude.

Mit zehn Jahren habe ich begonnen, reiten zu lernen. Bobby, ein bildschöner, goldfarbener Welsh-Pony-Hengst war damals mein Lehrmeister. Schnell folgte das eigene Pony Cinderella, mit der ich über viele, viele Jahre durch dick und dünn gegangen bin. Nach der Schule und in den Ferien verbrachte ich die Zeit im Reitstall: Füttern, Misten, Fegen, Weidedienste, Tierarzt- und Hufschmiedbesuche, Striegeln, Bürsten, Waschen und natürlich Reiten, mit Sattel, ohne Sattel, auf dem Platz und im Gelände, Springen und Dressur ... das ganze Programm.

Rückblickend betrachtet, war ich wohl ein richtiges Pferdemädchen. Das hat sich – zum Glück – bis heute nicht geändert. Seit meiner Kindheit sind Pferde immer fester Bestandteil meines Lebens. Ich war seit dem ersten Pony so gut wie nie ohne eigenes Pferd. Noch heute bin ich stolze Besitzerin einer Hannoveraner Stute, die mir täglich viel Spaß bereitet.

Als absolute Pferdenärrin und aktive Reiterin, die mit italienischen Wurzeln in Niedersachsen am Dümmersee geboren wurde, war ich schon in meiner Jugend häufig in Verden. Verden war für meine pferdebegeisterten Freunde und mich werden können. Diese „Innovationswerkstatt" mit EU-Lebensmittelzulassung ist Impulsgeber für die Branche, denn so können Produktmuster und andere produzierte Lebensmittel dem Kunden zur Verkostung beziehungsweise für Testmärkte oder -panels zur Verfügung gestellt werden.

Die VEMAG-Erfolgsgeschichte fing aus bescheidenen Anfängen an: Noch in den letzten Jahren der Kriegswirren wurde 1944 die Holz- und Gerätebaugesellschaft mbH in Verden gegründet und 1950 in VEMAG Verdener Maschinen- und Apparatebau GmbH umfirmiert. Aus dem Hersteller für vielseitige Investitions- und Nutzartikel, wie Kirchturmuhren und Honigschleudern, entwickelte sich der heutige Innovationsführer für Form- und Portioniertechnologie und ein global agierendes Unternehmen. Maßgeblich für den Erfolg war die Entwicklung der kontinuierlich arbeitenden Füllmaschine für Industrie und Handwerk, um Wurst-Brät oder Teige zuverlässig und gleichmäßig zu portionieren und transportieren.

Verschiedene modulare Kombinationen von Füllmaschinen und Vorsatzgeräten ermöglichen heute nahezu uneingeschränkte Einsatzmöglichkeiten im Nahrungsmittelsektor, in dem VEMAG in vielen Anwendungskategorien Weltmarktführer ist. Aber auch in anderen Bereichen, wie zum Beispiel dem Abfüllen von Tiernahrung, Tabak, pharmazeutischen und chemischen Produkten oder gar bei der zivilen Verarbeitung von Sprengstoff für den Bergbau, zählt man auf die Präzision und Zuverlässigkeit der außergewöhnlichen Technik aus Verden.

Mittlerweile hat VEMAG das Portfolio auf ganzheitliche Kundenbedürfnisse mit Vorsatzgeräten, Gesamtprozesslösungen, vielfältigen Dienstleistungen, Service und Beratung ausgedehnt. Die Stärke des kontinuierlich wachsenden Unternehmens liegt darin, stets auf Augenhöhe mit dem Kunden zu sein: Individueller, technologischer Support, Wissenstransfer und Schulungsmöglichkeiten sind eine ausgeprägte Selbstverpflichtung.

Der VEMAG-Erfolg wurde dank seiner technischen Innovationen und flexibler, individueller Einsatzmöglichkeiten für das Handwerk und die Industrie bereits frühzeitig international greifbar. Ein starkes, kontinuierliches Wachstum, insbesondere innerhalb der letzten Jahre, brachte dem Unternehmen eine führende Position sowohl im deutschen, als auch im globalen Markt: Auslandsaktivitäten durch Vertretungen vor Ort sowie über eigene Vertriebs- und Servicegesellschaften konnten erfolgreich mit dem Ziel etabliert werden, den Kunden weltweit einen außerordentlichen Service zu bieten. VEMAG ist mittlerweile in über 80 Ländern vertreten und erreicht einen Exportanteil von über 85 Prozent.

Dieser internationale Erfolg sichert das Wachstum und damit die Stärke des Unternehmens in seiner Verantwortung als verlässlicher Arbeitgeber in der Region. VEMAG verliert nie die lokale Bindung aus dem Blick und trägt dank seiner Auswahl an lokalen Dienstleistern und Zulieferern aktiv zur Wirtschaftskraft und zur Sicherung von Arbeitsplätzen in der Region bei.

*VEMAG Maschinenbau GmbH*
Weserstraße 32 · 27283 Verden (Aller)
www.vemag.de

Die VEMAG Hauptverwaltung in der Weserstraße

VEMAG Maschinenbau GmbH

# Vom lokalen Gerätebauer zum globalen Maschinenbauspezialisten

Im Kundencenter entwickeln VEMAG-Spezialisten zusammen mit Kunden neueste Maschinentechnologien

Einsatz der Förderkurve: Sie bildet die zentrale Funktionseinheit der VEMAG Füllmaschinen und befördert das Füllgut äußerst schonend zum Vorsatzgerät

Seit über 75 Jahren entwickelt und produziert die VEMAG Maschinenbau GmbH Maschinensysteme für die Nahrungsmittelindustrie und das -handwerk. Die Kernkompetenzen liegen in den Bereichen Füllen, Portionieren, Formen und Ablegen von pastösen Lebensmitteln wie Fleischprodukten, Teigen und anderen pumpfähigen Massen.

**VEMAG VERLIERT NIE DIE LOKALE BINDUNG AUS DEM BLICK UND TRÄGT DANK SEINER AUSWAHL AN LOKALEN DIENSTLEISTERN UND ZULIEFERERN AKTIV ZUR WIRTSCHAFTSKRAFT UND ZUR SICHERUNG VON ARBEITSPLÄTZEN IN DER REGION BEI.**

In der Weserstraße in Verden ansässig, gehört die VEMAG mit rund 700 Mitarbeiterinnen und Mitarbeitern zu den bekanntesten und führenden Arbeitgebern im Landkreis. VEMAG zeichnet sich als besonders aktives Ausbildungsunternehmen mit einem breiten Angebot an interessanten und zukunftsorientierten Arbeitsplätzen aus und legt großen Wert auf eine erstklassige Förderung der Nachwuchskräfte sowie deren langfristige Bindung an das Unternehmen.

Unter einem Dach vereint, befinden sich in Verden Hauptverwaltung, Entwicklung und Produktion: Das prägnante Erscheinungsbild der modernen Gebäude ist mittlerweile Markenzeichen des weltweit erfolgreichen Unternehmens und steht für seine Innovations- und Expansionskraft.

Im eigens errichteten Kundencenter entwickeln VEMAG-Spezialisten zusammen mit Kunden aus der ganzen Welt neueste Maschinentechnologien, die direkt vor Ort getestet den betrieblichen Grundstein. Trotz der schwierigen Nachkriegszeit entwickelte sich aus der Backstube in nur wenigen Jahren eine Fabrik, die bis heute ein Konzept verfolgt: „Mit Liebe gebackene Qualität zu fairen Preisen." Neben den Handelspartnern erscheinen unter dem eigenen Produktnamen „Hans Freitag" verschiedene Kekskreationen, die über den Lebensmittelhandel und den Hans Freitag-Onlineshop erhältlich sind. Keks-Trends mit besonders großem Erfolg sind die Einhorn-Kekse, Emoji-Kekse, der Chill-mal-Faultier-Keks und die Good Karma Lama Kekse.

Als Gründer Hans Freitag 1960 verstarb, folgte zunächst seine Witwe Anita Freitag und einige Jahre später Sohn Hans Freitag jun. als Geschäftsführer des Familienbetriebs. Stets folgte er dem Leitspruch: „Wir backen Kekse für Millionen, nicht für Millionäre." Seit 1993 ist Anita Freitag-Meyer als Geschäftsführerin tätig, seit 2006 führt sie die Firma allein in dritter Generation mit unternehmerischem Elan weiter. Dabei lernte sie das süße Geschäft von der Pike auf: „Ich war schon als kleines Kind oft mit meinem Papa im Betrieb und bin mit dem Duft von frisch gebackenen Keksen aufgewachsen. Für mich ist das nicht nur mein Arbeitsplatz, es ist auch mein Zuhause!"

Die „Keksbude", wie Anita Freitag-Meyer ihr Unternehmen liebevoll nennt, beschäftigt heute 330 Mitarbeiter. Täglich verlassen über 100 Tonnen Kekse und Waffeln die Verdener Siemensstraße 11 und werden in über 50 Länder exportiert. Ein Prozess, der Hand in Hand läuft und höchste Qualitätsansprüche in sich birgt. „Unser Name ist immer nur so gut wie die Menschen, die dahinterstecken", erklärt Freitag-Meyer. „Die besten Maschinen und die durchdachteste Logistik nützen uns gar nichts ohne engagierte Mitarbeiter, die das Unternehmen mit Leben füllen. Wir haben solche Leute und sind stolz darauf!" Ein Markenzeichen des Verdener Unternehmens ist die Nähe zu seinen Angestellten, seinen Kunden und Interessenten: „Meine Leute wissen, dass sie mit allen Dingen zu mir kommen können. Egal ob ich gerade im Kostüm von geschäftlichen Verhandlungen komme oder in Sicherheitsschuhen bei Sonderschichten selbst an der Maschine stehe, wenn auf über 30.000 Quadratmetern Fabrikfläche Köstlichkeiten am laufenden Band gebacken werden". Denn auch das macht die zweifache Mutter, ohne mit der Wimper zu zucken. Sie hilft aus, wenn Not an der Frau ist, betreut den Hans Freitag-Messestand auf Veranstaltungen und besucht Kunden weltweit. Sie schwärmt von der Zusammenarbeit mit ihrem Team: „Jeder von uns ist ein wichtiger Teil des Ganzen! Wir backen mit Herz und Verstand – das sagen wir nicht nur so, das meinen wir auch wirklich!"

*Verdener Keks- und Waffelfabrik*
*Hans Freitag GmbH & Co. KG*
Siemensstraße 11 · 27283 Verden (Aller)
www.hans-freitag.de

Geschäftsführerin Anita Freitag-Meyer leitet das Familienunternehmen seit 1993 in dritter Generation

„ICH WAR SCHON ALS KLEINES KIND OFT MIT MEINEM PAPA IM BETRIEB UND BIN MIT DEM DUFT VON FRISCH GEBACKENEN KEKSEN AUFGEWACHSEN. FÜR MICH IST DAS NICHT NUR MEIN ARBEITSPLATZ, ES IST AUCH MEIN ZUHAUSE!"

Anita Freitag-Meyer
Geschäftsführerin

Verdener Keks- und Waffelfabrik Hans Freitag GmbH & Co. KG

# Gebackene Qualität seit Generationen

Hand aufs Herz: Der Name „Hans Freitag" in Verbindung mit Gebäck ist über die Stadtgrenzen Verdens hinaus nicht überall bekannt. Dabei hat wahrscheinlich jeder schon einmal unbewusst die Produkte der „Verdener Keks- und Waffelfabrik Hans Freitag" probiert. Grund dafür ist die fast ausschließliche Produktion von Dauerbackwaren für Handelsmarken, welche unter dem Label der jeweiligen Kunden verkauft werden. „Das muss man sich so vorstellen, dass wir unsere Keksmischungen für große Discounter und Lebensmittelhändler backen, und diese verkaufen sie dann unter ihrem eigenen Namen weiter", erklärt Geschäftsführerin Anita Freitag-Meyer. „Somit stehen wir mit unseren Produkten nicht nur für den eigenen Ruf ein, sondern auch immer für den unserer Geschäftspartner. Wir sind stolz auf dieses Vertrauen."

Und das seit Generationen! Im Jahr 1946 gründete Hans Freitag Senior, Großvater der heutigen Geschäftsführerin, seine eigene Bäckerei und Konditorei in Verden und legte damit

Modernste Maschinen produzieren Spritzgebäck und andere Backprodukte der Verdener Keks- und Waffelfabrik Hans Freitag

Es ist immer Zeit für Kaffee und Kekse. Damit wirbt das Unternehmen gut inszeniert in den Sozialen Medien.

Werk 1 und die Verwaltung weiterhin in der Bahnhofstraße zu Hause sind. Seit dem Ausscheiden von Christian Pohl als Gesellschafter und Geschäftsführer im Jahr 1992 lenkt Jürgen Schröder als alleiniger Geschäftsführer die Geschicke der Firma.

Heute beschäftigt die PS Laser GmbH & Co. KG auf mehr als 18.000 Quadratmetern Produktionsfläche insgesamt 180 Mitarbeiter und ist damit der größte Arbeitgeber in der Samtgemeinde Thedinghausen. Von einem der Pioniere des Laserschneidens entwickelte sich das Unternehmen zum Experten für die komplette Metallverarbeitung. 14 moderne Laseranlagen mit Leistungen bis zu 10.000 Watt, die nicht nur 2D-Schnitte ermöglichen, sondern auch dreidimensionale Blechkörper, Profile oder Rohre schneiden, stehen dafür heute zur Verfügung. Passgenaue Einbauten mit Toleranzen im Zehntel Millimeterbereich sind mit diesen Anlagen möglich. Das Schneiden von Edelstahlgütern in einer Dicke von 60 mm ist ein weiteres Alleinstellungsmerkmal des Thedinghausener Blechbearbeiters. Neben dem Laserschneiden gehören inzwischen auch das Laserschweißen und weiterführende Blechbearbeitungen wie Kanten, Spanen, Walzen, Schweißen und Oberflächenveredelungen zum Unternehmensportfolio. Die Kunden erhalten so alle Leistungen aus einer Hand.

„Eigentlich sind wir auf Serienbedarfsträger ausgerichtet, fertigen jedoch auch kleine Mengen bis zur Stückzahl eins", berichtet Jürgen Schröder. Oder anders gesagt: Im Mittelpunkt stehen immer individuelle Produktlösungen und die Ausrichtung auf die Anforderungen und Wünsche der Kunden. Der Kundenkreis von PS Laser mit mehr als 1.000 aktiven Kunden reicht vom Stapler- und Landmaschinenhersteller über kleinere Schlossereien bis hin zu großen Automobilzulieferern und erstreckt sich über ganz Deutschland. Gewährleistet wird die Qualität durch die umfassende Dokumentation aller Prozesse basierend auf einer Vielzahl an Material- und Sicherheitszertifikaten.

Die Software-Programmierung für Dokumentation, Planung oder die Zeugnissysteme findet bei PS Laser hausintern statt.

**Geschäftsführer Jürgen Schröder**

**HEUTE BESCHÄFTIGT DIE PS LASER GMBH & CO. KG AUF MEHR ALS 18.000 QUADRATMETERN PRODUKTIONSFLÄCHE INSGESAMT 180 MITARBEITER UND IST DAMIT DER GRÖSSTE ARBEITGEBER IN DER SAMTGEMEINDE THEDINGHAUSEN.**

Durch die eigene Entwicklung von Software kann das Unternehmen in der Produktion deutlich flexibler agieren „Wir versuchen in allen Bereichen die Nase vorn zu haben, auch bei IT-Themen und der zunehmenden Digitalisierung der Produktion", betont der Geschäftsführer.

„Wesentlichen Anteil an unserem Erfolg in den letzten 32 Jahren haben natürlich unsere Mitarbeiter", hebt Jürgen Schröder mit Nachdruck hervor. „Seien Sie Teil eines Ganzen …!" So heißt der Unternehmensslogan. Unter dieser Überschrift stehen die berufliche Ausbildung junger Menschen im Unternehmen und regelmäßige Aus- und Weiterbildungen der Beschäftigten in den kaufmännischen, verwaltungstechnischen und fertigungsrelevanten Berufsfeldern bei PS Laser ganz oben auf der Tagesordnung. Gleichzeitig ist die stetige Qualifizierung der Mitarbeiter die Grundlage für eine perspektivreiche Weiterentwicklung des Unternehmens.

„Wir wollen auch in Zukunft einen führenden Platz in der Branche der Laserlohnfertiger und Metallverarbeiter einnehmen", unterstreicht Jürgen Schröder. Dabei setzt er mit seinem Team neben der Kompetenz der Belegschaft auf dauerhaft wachsende Kundenbeziehungen, gepaart mit Investitionen in zukunftsweisende Technologien und Entwicklungen.

*PS Laser GmbH & Co. KG*
Bahnhofstraße 56 · 27321 Thedinghausen
www.ps-laser.de

PS Laser GmbH & Co. KG

# Präzise Hochleistung im Millimeterbereich

„Die Lasertechnik hat mich von Beginn an fasziniert", bekennt Jürgen Schröder. „Sie ermöglicht es, viele Werkstoffe mit konzentriertem Licht berührungslos zu bearbeiten, insbesondere zu schneiden und zu fügen." Vor allem die Bearbeitung von Stahl hat es ihm angetan, „da dieser Werkstoff nahezu zu 100 Prozent recycelbar ist", so Jürgen Schröder. Gemeinsam mit seinem damaligen Partner Christian Pohl gründete er daher 1988 die PS Laser GmbH & Co. KG. In einer angemieteten Halle in der Bahnhofstraße 56 in Thedinghausen wurden damals die ersten beiden Laseranlagen aufgestellt.

Die Entwicklung der Firma verlief in den Folgejahren bis heute rasant. Die Zahl der Kunden wuchs kontinuierlich, das Leistungsspektrum wurde stetig erweitert und es wurden immer mehr additive Fertigungsverfahren integriert, um die Kundenwünsche zu erfüllen. Heute wird daher außerdem in einem zweiten Werk in der Syker Straße in Thedinghausen produziert, während

Versandhaus Jungborn GmbH

# Lebensmittelspezialitäten frei Haus seit 88 Jahren

Es geht hoch her in der Lager- und Packhalle des Versandhandels Jungborn. 75 Mitarbeiter haken Listen ab, suchen Artikel zusammen, schnüren Pakete, etikettieren. Durchschnittlich 2.200 Pakete verlassen das Versandhaus an einem normalen Tag, in der Vorweihnachtszeit können es bis zu 5.000 sein. Alle zweieinhalb Wochen werden die Kunden von neuen Produktideen inspiriert. Jahreszeitlich abgestimmte Produkte, Neuaufnahmen im Sortiment oder besondere Angebote erreichen die Kundschaft als Blätterkatalog per Post. Darunter einzigartige Produkte wie der Honig-Adventskalender, die individualisierbare Geburtstagsgrußtorte oder der Kaiserkuchen, welche ausschließlich bei Jungborn bestellt werden können und in der 88-jährigen Unternehmensgeschichte zum Dauerbrenner geworden sind. „Bei uns bestellen die Kunden, wenn sie das Besondere suchen", ist sich Geschäftsführer Jürgen Knecht sicher. Das Gesamtsortiment setzt sich aus über 1.800 Artikeln zusammen, 40 Prozent davon sind Eigenmarken wie der Ogo-Kaffee, die traditionellen Jungborn Honigspezialitäten, Produkte der Marken Gut Kampen und Nobless. Mit einem Einzugsgebiet in Deutschland und Österreich ist Jungborn im Bereich des Spezialitäten-Versandhandels auf Platz 1. Jährlich kommen etwa 50.000 Neukunden über den Katalogversand, Zeitungsbeilagen, Internetwerbung und persönliche Empfehlung hinzu.

Mehr als 120 Mitarbeiter kümmern sich heute um das reibungslose Einkaufserlebnis bei Jungborn

Freude am GENUSS wird bei Jungborn groß geschrieben

Neben haltbaren Lebensmitteln wie Keksen, Aufstrichen oder Süßwaren traut sich Jungborn, auch frische Produkte im Versand anzubieten. Der Geschäftsführer ist darauf sichtlich stolz: „Das ist die Königsdisziplin im Versandhandel." Tagfrisch produzierte Ware geht vom Hersteller über das Versandhaus innerhalb von zwei Stunden weiter auf die Reise zum Kunden. Eingekauft wird bei regionalen Produzenten. Um das Produkt in einwandfreier Qualität beim Kunden abzuliefern, überprüft Jungborn stetig Lieferwege und Verpackungsmaterial mit unabhängigen Testinstituten, insbesondere in Hinblick auf die ununterbrochene Kühlkette. Der hohe Qualitätsanspruch bei Jungborn ist Bestandteil des Unternehmens seit Gründung im Jahr 1931. Ziel war es, Körper, Geist und Seele durch die Jungborn-Produkte in Einklang zu bringen. Auch daran hat sich bis heute nichts geändert, sollen doch Produkte und Service bei Jungborn noch immer zum Wohlbefinden und zur Lebensfreude der Kunden beitragen.

Hauptgebäude des Jungborn Versandhandels im Achimer Industriegebiet Uesen

*Versandhaus Jungborn GmbH*
Neue Finien 9 · 28832 Achim
www.jungborn.de

Die Landfrauen übernehmen eine wichtige Aufgabe: Wir kümmern uns um die Weiterbildung von Frauen im Allgemeinen und sorgen für ein aktives Netzwerk. Das ist eine schöne Sache. Das Gefühl der Zusammengehörigkeit spielt eine wichtige Rolle – schließlich stammen nur noch etwa drei Prozent unserer Mitglieder tatsächlich aus der Landwirtschaft.

Seit 2006 gehöre ich dem Kreistag im Landkreis Verden und seit 2016 dem Stadtrat in Achim an. Warum ich das mache? Gerade die Kommunalpolitik ist ein entscheidendes Fundament unserer Demokratie – davon bin ich überzeugt. Einer meiner Schwerpunkte, sowohl im Kreisrat als auch im Stadtrat, ist die Arbeit im Feuerwehrausschuss. Engagement für die Brandschützer, das ist bei uns eine richtige Familientradition. Mein verstorbener Mann war lange Jahre Brandmeister. Heute sind meine beiden Söhne und auch schon deren Kinder in der Wehr aktiv. Die Kinder- und Jugendwehren leisten hervorragende Arbeit – und den Ausbildern kann man gar nicht genug danken. Denn die Feuerwehr, die brauchen wir!

Meine knappe Freizeit verbringe ich mit Familie und Freunden, außerdem koche, backe und esse ich gerne – Letzteres am liebsten in geselliger Runde. Auch bei der Arbeit in meinem Stauden- und Rosengarten kann ich wunderbar entspannen. Ich liebe Radtouren durch die weiten Flussmarschen der Weser und Aller, durch die hügelige Geest mit herrlichen Wäldern und die kleinen Moor- und Heideflächen. Oft bin ich mit meinem Mann oder in Gesellschaft unterwegs, aber ich fahre auch gern allein. Mehrmals im Jahr unternehme ich mit dem Rad eine weitere Strecke über Niedersachsens Grenzen hinweg. Für mich gibt es keinen besseren Ausgleich zum täglichen Leben.

Hier im Landkreis Verden, wo auch die Wurzeln meiner Familie sind, fühle ich mich wohl. Ich kenne so viele Leute – und alle wissen, aus welchem „Stall" ich komme. Das ist wunderbar, denn ich brauche mich nicht zu verstecken und kann genauso sein, wie ich bin. Im Hinblick auf den demografischen Wandel wünsche ich mir, dass unser Kreis auch in Zukunft attraktiv und lebenswert bleibt.

**HIER, WO DIE WURZELN MEINER FAMILIE SIND, FÜHLE ICH MICH WOHL. ALLE WISSEN, AUS WELCHEM „STALL" ICH KOMME. DAS IST WUNDERBAR, DENN ICH BRAUCHE MICH NICHT ZU VERSTECKEN UND KANN GENAUSO SEIN, WIE ICH BIN.**

Ich bin ein Achimer Marschenkind. Habe meine Kindheit und Jugend in der Marsch mit grünen Weiden, Feldern, Hecken und der Weserlandschaft mit dem Deich verbracht. Hier habe ich die Wertschätzung und den Respekt vor Haus- und Wildtieren gelernt. Diese Marschenlandschaft hat mich das Laufen gelehrt und vieles mehr. Mit dem Gefühl der Freiheit aufgewachsen zu sein, ist etwas ganz Besonderes.

war ein Gewusel!.Heute bin ich froh, dass meine Enkel wieder Plattdeutsch in der Grundschule lernen.

Mittlerweile bin ich seit fünf Jahrzehnten in Achim-Bierden verwurzelt. Ehrenamtlich bin ich in vielen Institutionen aktiv, besonders im Kreisverband der Landfrauen in Verden und bei den Achimer Landfrauen. Da ich von Kindesbeinen an landwirtschaftlich geprägt bin, weiß ich, wie wichtig regionale Lebensmittel sind – und setze mich rundum für das Thema Landwirtschaft und Ernährung in Kindergärten und Grundschulen ein.

Was Bildung und Erziehung angeht, sehen wir Landfrauen großen Handlungsbedarf. Seit Langem machen wir uns auf Bundes- und Landesebene für ein neues Unterrichtsfach stark, das wir „Ernährung und Alltagskompetenz" nennen. Denn mit

**ICH LIEBE RADTOUREN DURCH DIE WEITEN FLUSSMARSCHEN DER WESER UND ALLER, DURCH DIE HÜGELIGE GEEST MIT HERRLICHEN WÄLDERN UND DIE KLEINEN MOOR- UND HEIDEFLÄCHEN.**

Sorge beobachten wir, dass junge Leute immer weniger lebenspraktische Fähigkeiten entwickeln. Das geht bei den grundlegenden Umgangsformen los und hört beim vernünftigen Umgang mit Geld noch lange nicht auf. Viele lernen im Elternhaus nicht einmal die einfachsten Dinge, etwa, wie man einen Knopf annäht. Es ist dringend an der Zeit, dass die Ministerien in Berlin und Hannover darauf reagieren.

**Viel Abwechslung und einen weiten Blick über Fluss und Niederung bietet zum Beispiel eine Radtour entlang der Aller**

*Werner Osthoff*

# Engagiert für ein Kleinod bäuerlicher Kultur

Als Junge stieß ich mir den Kopf an einem alten Schafstall. Diese Begegnung muss wohl etwas in mir ausgelöst haben – denn die Schafställe haben mich mein ganzes Leben lang nicht losgelassen.

**Werner Osthoff** geb. 1946 in Hülsen, verheiratet, zwei Kinder | Diplom-Verwaltungswirt | 1971 Übernahme in den gehobenen Dienst bei der Stadt Verden | 1974 bis 1980 Kämmerer und Vertreter des Samtgemeindedirektors der Samtgemeinde Ahlden | 1980 bis 2005 Gemeindekämmerer und Vertreter des Gemeindedirektors (ab 2001 allgemeiner Vertreter des Bürgermeisters) bei der Gemeinde Kirchlinteln | 1988 bis 2016 Vorsitzender des Kulturförderkreises Hülsen, 1989 bis 1999 Sprecher des Arbeitskreises Dorferneuerung in Hülsen | weitere Ehrenämter: u. a. fünf Jahre Vorsitzender des Schützenvereins Hülsen, 15 Jahre Chorleiter des Männerchores „Concordia" Hülsen und vier Jahre Chorleiter des Frauenchores Hülsen | 2018 Verleihung der Verdienstmedaille des Verdienstordens der Bundesrepublik Deutschland

Die Schafställe in meinem Heimatort Hülsen und ich – wir haben eine ganz besondere Beziehung. Als ich ein Kind war, wohnten wir zusammen mit meinen Großeltern, die eine kleine Landwirtschaft betrieben. Im Sommer brachten wir die Kühe auf die Weide, zum Melken fuhren wir mit dem Fahrrad. Dabei hingen die Milchkannen an unserem „Melkerad", einem schon recht betagten, aber doch sehr nützlichen Gefährt mit einer

Aufhänge-Vorrichtung für die großen Gefäße. Der Weg zur Wiese „Köthners Kämpen" führte über einen teilweise recht ausgefahrenen „Paddweg" – vorbei an den alten Schafställen, von denen es damals noch einige mehr gab als heute.

In diesem Bereich war der Weg besonders tief ausgefahren. Meine Oma ist dort meistens abgestiegen und hat geschoben. Diese Blöße wollte ich mir nicht geben. Einmal hat sich das gerächt: Da bin ich zu dicht an die hohe Kante des Weges gekommen und habe dadurch die Gewalt über das Melkerad mitsamt der Kannen verloren, bin seitlich abgesprungen, gestolpert und mit dem Kopf gegen einen der harten Eichenbalken des Schafstall-Fachwerks geprallt. Eine schmerzende Beule an der Stirn war die Folge. Heute denke ich, dass diese Begegnung wohl etwas in mir ausgelöst hat – denn die Schafställe haben mich mein ganzes Leben lang nicht losgelassen.

Ihre Geschichte beginnt bei uns in Hülsen im 17. Jahrhundert: Wegen des kargen, sandigen Bodens waren die Bauern bettelarm. Heide jedoch war im Übermaß vorhanden. Darum hielten die Bauern Heidschnucken – sie lieferten nicht nur Milch, Fleisch und Wolle, sondern auch Dünger für die Felder. Bis zu 700 Tiere waren es zeitweise. Um sie sicher unterzubringen, vor allem, um sie vor den Überschwemmungen der Aller und den immer mal wieder ausbrechenden Hofbränden zu schützen, wurden ab ca. 1650 bis ca. 1780 auf einer Gemeinschaftsfläche (Allmende) die Schafställe errichtet. Später, als die Schafhaltung für die Landwirte an Bedeutung verlor, waren die Ställe dem Verfall preisgegeben, oder sie wurden abgebaut und teilweise an anderer Stelle mit anderer Funktion weiterverwendet. In den 1980er-Jahren hatte nur ein Bruchteil der ehemals 34 Ställe überdauert, und der Zahn der Zeit setzte ihnen mächtig zu.

1982 wendete sich das Blatt: Damals beschlossen die Vorstände der örtlichen Vereine und der Ortsfeuerwehr, einen ehemaligen Schafstall zu retten, der in der Marsch als Spargelschuppen genutzt worden war und nun abgerissen werden sollte. An dieser Aktion war auch ich beteiligt: Wir haben den Stall gemeinschaftlich ab- und ihn dann im Bereich der anderen Schafställe wieder aufgebaut. Dabei gelangten wir zu der Erkenntnis, dass wir diesen Stall gemeinsam mit den weiteren in diesem Bereich noch vorhandenen Ställen als Kleinod bäuerlicher Kultur erhalten müssen.

Für mich persönlich wurde dieser Gedanke zur Herzensangelegenheit: Engagiert setzte ich mich mit anderen Mitstreitern für die Gründung eines Vereins mit dem Ziel ein, die alten Schafställe in ihrem Bestand zu erhalten. Gegründet wurde 1983 der Kulturförderkreis Hülsen, den ich von 1988 an 28 Jahre lang leitete.

Die Schafställe waren es dann auch, die die Aufnahme der Ortschaft Hülsen der Gemeinde Dörverden in das Dorferneuerungsprogramm des Landes Niedersachsen rechtfertigte, das von 1989 bis 1999 lief. Insgesamt vier Ställe konnten im Rahmen dieses Programms, zusätzlich unterstützt von der Gemeinde Dörverden, der Stiftung der Kreissparkasse Verden und der Bingostiftung, restauriert werden. Ab dem Jahre 2006 folgten dann weitere Restaurierungs- und Förderprojekte, die z. B. aus europäischen Leader-Mitteln des Aller-Leine-Tals und der Stiftung regionales Kulturerbe gefördert worden sind. So besteht das Schafstallviertel Hülsen heute aus zehn ehemaligen Schafställen, von denen sieben noch an ihrem ursprünglichen Standort stehen und der älteste Stall heute um die 340 Jahre alt ist. Und natürlich sind wir sehr stolz darauf, dass wir hier in unserem Dorf dieses einzigartige, denkmalgeschützte Ensemble bewahrt haben.

Natürlich bedurfte es für die Erhaltung und Pflege dieses Bereiches engagierter Menschen. Und die hat es zu meiner Zeit immer gegeben. Waren es ursprünglich immer wieder einzelne Aktionen, zu denen unsere Vereinsmitglieder kamen, gibt es seit dem Jahre 2006 eine Gruppe, die sich alljährlich vom frühen Frühjahr bis zum späten Herbst jeden Montagnachmittag bei den Ställen trifft und neben den anstehenden Erhaltungs- und Unterhaltungsarbeiten das Schafstallviertel mit Leben erfüllt. So ist von dieser Gruppe in einem der Ställe inzwischen ein kleines Kali-Bergbaumuseum geschaffen worden, das die Kaligeschichte Hülsens und des Aller-Leine-Tals erzählt. Dieser Bereich ist auch Teil meiner eigenen Geschichte. Meine Großväter sind beide im Bergbau tätig gewesen und deshalb im Jahre 1910 nach Hülsen gekommen. Mütterlicherseits haben allerdings schon meine Urgroßeltern in Hülsen gelebt.

Eine große Leistung haben diese „Montagsdienstler", wie sich die Gruppe nennt, in den Jahren 2011/2012 durch den Abbruch eines in unseren Nachbarort versetzten ehemaligen Schafstalles und dessen Rückführung und Wiederaufbau sowie Ausbau zu einer Infostätte im Schafstallviertel vollbracht. Dieser ehemalige Schafstall dient inzwischen nicht nur unserem Verein, sondern auch anderen Vereinen und Verbänden des Dorfes z. B. für Besprechungen und Versammlungen. Hier proben inzwischen auch der Männergesangsverein „Concordia" Hülsen und die Volkstanzgruppe unseres Vereins, die sich in Anlehnung an die Schafställe „Schapstalldänzer" nennt.

In zwei weiteren Ställen haben wir Ausstellungen eingerichtet, in denen wir in den Bereichen Landwirtschaft, Hauswirtschaft und

**Heidschnucken von Schäfer Hehmsoth**

Das Kulturgut Ehmken Hoff in Dörverden: ein Ort für Konzerte, Seminare, Ausstellungen und Lesungen, aber auch Treffpunkt für festliche Anlässe

**FÜR MICH PERSÖNLICH WURDE DIESER GEDANKE ZUR HERZENSANGELEGENHEIT: ENGAGIERT SETZTE ICH MICH MIT ANDEREN MITSTREITERN FÜR DIE GRÜNDUNG EINES VEREINS MIT DEM ZIEL EIN, DIE ALTEN SCHAFSTÄLLE IN IHREM BESTAND ZU ERHALTEN.**

Handwerk die ganz normale Alltagskultur unserer Eltern und Großeltern in der Zeit zwischen 1920 und 1960 erlebbar machen. Eine Gruppe der „Montagsdienstler" macht alte Geräte und Maschinen wieder flott. Dazu gehört z. B. auch der elektrisch betriebene „Kurbelmax", den mein Opa einst auf dem Brokser Markt erstanden hatte, um auch mir z. B. die Arbeit mit dem Rübenschneider zu erleichtern.

Besonders beliebt sind unsere Backtage im Sommer, wenn frischer Butterkuchen aus dem Lehmbackofen kommt, und der Herbstbasar, wenn Hobbyhandwerker und -künstler ihre Ware in den Ställen anbieten.

Es gibt so viele Geschichten, die sich über diesen kleinen Ort erzählen lassen, so viele Dinge, die in Vergessenheit geraten könnten, wenn wir sie nicht bewahren. Bei Führungen stelle ich immer wieder fest, dass ältere Menschen geradezu aufblühen, wenn sie unsere Exponate sehen – Gegenstände, mit denen sie aufgewachsen sind und gearbeitet haben. Diese Generation musste in ihrem Leben einen enormen Wandel verkraften. Das zu zeigen, ist mir ein großes Anliegen. Und ich hoffe sehr, dass sich auch in Zukunft immer wieder Leute finden, die anpacken, damit unsere Schafställe noch viel Interesse auf sich ziehen.

Ich bin schon immer ein geselliger Mensch gewesen. Das war wohl auch der Grund dafür, dass ich mich in allen Vereinen des Dorfes vom Tischtennissport über das Schützenwesen, dem Spielmannszug und den Chören als auch in der Ortsfeuerwehr und natürlich besonders im Bereich Kultur und Denkmalpflege engagiert habe. Dabei habe ich sicher auch manch eine neue Idee entwickelt und umgesetzt, wie beispielsweise den Dorfgemeinschaftstag, den es seit 1980 gibt, oder die jährliche Terminabsprache unter den Vereinen, die bereits 1974 das erste Mal stattgefunden hat.

Trotzdem habe ich nicht schlecht gestaunt, als ich im Mai 2018 Post aus der Staatskanzlei Hannover mit dem Inhalt erhielt, dass Bundespräsident Frank-Walter Steinmeier mich für meine Verdienste um das Gemeinwohl mit der Verdienstmedaille des Verdienstordens der Bundesrepublik Deutschland ausgezeichnet hat. Da kommt dann schon ein Gefühl der Demut auf. Ich muss sagen, mir haben in dem Moment ganz schön die Knie geschlottert.

## Wolfgang Pade

# Wanderjahre durch Europas Sterneküchen

**Was sollte ich an der Aller? Ich wollte hinaus in die Welt!
Heute bin ich in Verden sehr verwachsen und schätze die Tatsache,
dass meine Kinder hier aufwachsen können.**

**Wolfgang Pade** geb. 1963 | verheiratet, zwei Kinder | nach dem Abitur Ausbildung zum Koch: „Gala" in Aachen, „Le Canard" in Hamburg | Sommer 1987 „Weißes Kreuz" in Mondsee, Österreich | Oktober 1987 bis April 1989 „Aubergine" in München bei Eckart Witzigmann | Mai 1989 bis April 1990 Hotel Restaurant „Schweizer Stuben" bei Dieter Müller und „Taverna La Vigna" bei Stefan Marquard | Mai bis Oktober 1990 Praktikant in Italien, u. a. „Antica Osteria del Ponte", Mailand, bei Ezio Santin; „Lanterna Blu", Imperia-Ligurien; „La Chiusa", Montefollonico-Toskana | November 1990 bis Januar 1991 Gastkoch „Il Ristorante" und „Sergio Camerin" in Hamburg | Februar bis Oktober 1991 „Le Louis XV", Monte Carlo, bei Alain Ducasse | Februar 1992 Eröffnung Pades Restaurant in Verden | November 1993 bis September 2010: 1 Michelin-Stern

Ehrlich gesagt: Ich wollte gar nicht nach Verden zurück. Meine Lehr- und Wanderjahre als Koch haben mir nämlich richtig gut gefallen. Ich weiß noch, wie es sich anfühlte, die Ausbildung im „Le Canard" in Hamburg abzuschließen: Jetzt geht's richtig los! Das war wie ein Sprungbrett in die Welt.

Fünf Jahre lang zog es mich beruflich in die besten Sterneküchen Europas. Ich kochte in München, Mailand, Monte Carlo. Wenn ich zwischendurch nach Verden zu Besuch kam, schaute ich regelmäßig bei Hans Tobeck, dem Wirt vom „Haus Schlepegrell" vorbei – dort, wo ich als Schüler Teller gespült und Gemüse geschnippelt habe, um mir etwas dazuzuverdienen. Immer hat er gefragt: „Wolfgang, wann übernimmst du endlich meinen Laden?" Immer habe ich geantwortet: „Da wird nichts draus." Was sollte ich an der Aller, wenn es noch so viel zu entdecken gab?

Kurz nach der Wende wäre ich dann um ein Haar in Dresden gelandet. „Go east", die Idee fand ich spannend. Ein schickes Hotel wollte mich als Küchenchef. Es war die Familie, die mir Verden wieder schmackhaft machte. Meine damalige Lebensgefährtin, die zuvor in der Metropole Hamburg gelebt hatte, fand das alles hier so schön: die kurzen Wege, den kleinstädtischen Charme, die familiäre Einbindung. Meine Leute ermunterten mich, den Vorschlag des Schlepegrell-Wirts anzunehmen. Das war die Geburtsstunde von Pades Restaurant.

Inzwischen bin ich seit 26 Jahren wieder zurück – viel länger, als ich aus Verden weg war. Als Koch ist es schön zu erleben, wie die Gegend sich kulinarisch entwickelt. 1992, als ich mich selbstständig machte, war es kaum möglich, auf hohem

Niveau regional und saisonal zu kochen. Heute gibt es diverse kleine Produzenten, die massiv auf Qualität setzen. Wir werden von mehreren Biohöfen mit Obst und Gemüse beliefert. Spargel aus dem Kreis Verden ist sowieso eine Spezialität, aber auch Zucchiniblüten, Beeren oder Ziegenkäse kaufen wir ortsnah. Im Turnus der Jahreszeiten ist die Bandbreite größer als man denkt. Natürlich kann ich nicht das ganze Jahr auf Tomaten warten, die dann Mitte August bis Mitte September endlich reif sind – so „brutal regional" zu sein, das trau ich mir am Standort Verden dann doch nicht zu.

Wir sind einer der ganz wenigen Gastronomiebetriebe, die noch handwerklich arbeiten. Das bedeutet zum Beispiel, dass wir im Winter 70 bis 80 Rehe und Hirsche „in der Decke" (also im Fell) geliefert bekommen und diese dann selbst abhängen und verarbeiten. 100 Prozent Frischware anstelle von Convenience-Produkten, das leistet sich in unseren Breitengraden (damit meine ich den Bremer, Verdener Raum) kaum noch jemand. Meine Idee von Gastronomie ist anders: Pades Restaurant hat 70 Plätze, dahinter steht ein 25-köpfiges Team. In meiner Küche geht es nicht um bloße Lebensmittelverwaltung,

> **EINE GEWISSE WELTOFFENE, HANSEATISCHE GRUNDEINSTELLUNG – DIE HABE ICH HIER IN DER DOMSTADT MITBEKOMMEN. ICH FINDE, DA SIND SICH VERDENER UND BREMER SEHR ÄHNLICH.**

Blick über die Aller auf Verden mit dem Verdener Dom

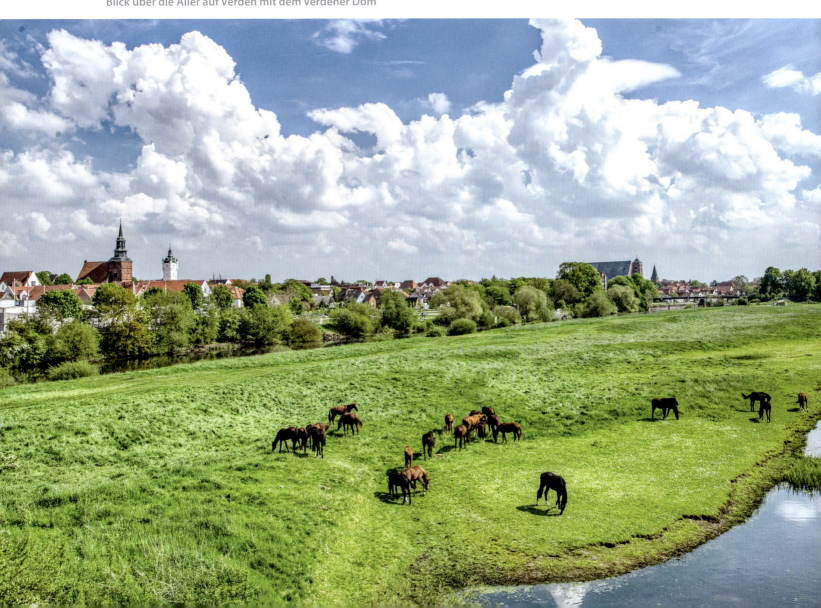

Ein Raddampfer legt an am Bollwerk in Verden

sondern um Respekt vor guten Produkten und um deren fachgerechte Verarbeitung. Ich brauche Leute um mich herum, die das verstehen. Und wenn die Idee überspringt, dass wir in meiner Küche etwas Besonderes und Schönes machen, dann ist mir völlig egal, was für eine Nationalität, Religion, Vorbildung oder Hautfarbe ein Mitarbeiter hat.

**LANDSCHAFT, TIERE, BOTANIK, KLIMA, LUFTFEUCHTIGKEIT, RADWEGE, WANDERWEGE, WASSERSPORT: MIT FLUSS IST DAS LEBEN EINDEUTIG BESSER ALS OHNE. VIELLEICHT LIEGT DIE LIEBE ZUM WASSER IN DER FAMILIE: MEIN GROßVATER MÜTTERLICHERSEITS WAR NÄMLICH ALLERSCHIFFER.**

Ich glaube, ein gewisses Maß an Toleranz und Offenheit habe ich schon während meiner Kindheit und Jugend in Verden verinnerlicht – auch durch die schulische Erziehung, zum Beispiel am Domgymnasium. Durch meine berufliche Laufbahn wurde das natürlich noch unterstützt: Wenn man als Norddeutscher in München, Österreich, Frankreich oder Italien arbeitet und mit den Leuten dort klarkommen will, dann muss man sich eben anpassen. Aber eine gewisse weltoffene, hanseatische Grundeinstellung – die habe ich hier in der Domstadt mitbekommen. Ich finde, da sind sich Verdener und Bremer sehr ähnlich. Bei Pades leben wir diese Toleranz sehr bewusst. Bestes Beispiel: Sogar der Koch mit dem Bayern-Trikot ist bei uns voll integriert.

Dass wir als Team auf hohem Niveau arbeiten, davon zeugt auch die Qualität unserer Ausbildung: Unsere Nachwuchsköche schließen die Berufsschule regelmäßig als Beste ihres Jahrgangs ab. Ein Erfolg, der sich herumspricht: Auf zwei freie Stellen bei Pades kommen heute 14 Bewerber. In vielen Gastronomiebetrieben ist das Verhältnis genau umgekehrt.

Ich gebe zu: Das war nicht immer so. In meiner Anfangszeit als selbstständiger Koch, in meiner „ungestümen Jugend" sozusagen, hatte ich als Chef einen ziemlich schlechten Ruf. Damals haben wir viel öfter als heute die Karte gewechselt: im Bistro jede Woche und im Restaurant alle zwei Wochen. Kaum hatte man ein Gericht richtig drauf, schon war es wieder passé. Damit habe ich meine Jungs und Mädels völlig wahnsinnig gemacht – mich selbst übrigens auch. Gut – wer durchgehalten hat, der hat innerhalb eines Jahres einen Riesen-Input an Gerichten und Rezepten gekriegt. Aber für eine dauerhafte Zusammenarbeit war dieses Tempo kontraproduktiv. Resultat: Nach Ende ihres Zwei-Jahres-Vertrags oder ihrer Ausbildung sind die meisten sofort aus Verden abgehauen – weit, weit weg, am liebsten bis nach Australien. Im Laufe der Zeit habe ich gelernt, wie wichtig es ist, seinem Team Wertschätzung entgegenzubringen, und auf diese Weise seinen Gästen Kontinuität zu bieten. Wer will schon bei jedem Restaurantbesuch eine andere Aushilfe kennenlernen? Viel toller ist es doch, jemand sagt: „Wir haben einen neuen Jahrgang von ihrem Lieblingswein." Oder der Kellner weiß Bescheid über eine Allergie, mit der ein Gast zu kämpfen hat.

Den Spaß am Job erhalte ich mir dadurch, dass ich neugierig bleibe. Ich mag es, mich weiterzuentwickeln. Auf der Stelle zu treten, das wäre mir einfach zu anstrengend. Das geht schon bei den sogenannten „Lieblingsgerichten" los – ich habe nämlich keine. Natürlich liebe ich Spargel oder Steinpilze, aber vor allem an den ersten zwei Tagen der Saison. Danach reicht es auch wieder. Also wechseln wir jeden Monat unsere Speisekarte – und zwar so gründlich, dass von der Karte des Vormonats nichts übrig bleibt.

Manchmal wundere ich mich schon, dass sich durch die Aufgabe der Sterneküche nach 17 Jahren mein Image scheinbar so grundlegend geändert hat. Dem ehemaligen Sternekoch mit der hohen weißen Mütze haftete wohl etwas Exklusives an; dem Haus gegenüber gab es eine recht hohe Hemmschwelle, die durch die freiwillige Abgabe des Sterns gesunken ist.

Das ist Blödsinn, denn in erster Linie handelte es sich um eine wirtschaftliche Entscheidung nach dem Umzug an den neuen Standort. Zu dem Zeitpunkt betrieben wir das Sternerestaurant und gleichzeitig, an einem Teil der Tische, das günstigere Bistro. Irgendwann habe ich festgestellt, dass immer mehr nach dem Bistro gefragt wurde und es dem Restaurant die Gäste klaute. Beweisen musste ich mir längst nichts mehr, also habe ich mich vom Stern getrennt. Beide Konzepte sind zu einer Speisekarte geworden, das lässt den Gästen die Wahl zwischen feineren und vermeintlich einfachen Gerichten. So kann die teure Seezunge neben der Schweinshaxe stehen, auf die ich sehr stolz bin.

Dieses Konzept kommt in Verden super an. Das Publikum ist vielseitiger geworden. Es herrscht eine größere Nachfrage und Auslastung, viel mehr Familien wollen bei uns feiern, buchen das Haus komplett oder bestellen Caterings zu sich nach Hause.

Die Geschichte mit dem Stern kennt in Verden so ziemlich jeder, deswegen ist sie eigentlich nur einen Nebensatz wert. Was nicht jeder weiß, ist, was Pades Restaurant sonst noch so ausmacht. Zum Beispiel, dass wir eine eigene Gewürzlinie entwickelt haben und diese immer weiter ausbauen. Da gibt es neu definierte Klassiker wie den „BBQ-Allrounder" oder mein familienfreundliches Pastagewürz, aber auch Exoten wie „Baharat" oder „Raz el Hanoud". Und wer glaubt, dass sein Kartoffelstampf nicht mehr verbessert werden kann, sollte unbedingt „Pimp my Potatoe" ausprobieren. Aktuell gibt es die Gewürze exklusiv bei Pades und bei Lestra in Bremen.

Das Thema Catering hatte ich bereits angeschnitten. Ob Barbecues, gesetzte Menüs oder Fingerfood – wir verköstigen Gäste bei Feiern, Empfängen oder anderen Anlässen schwerpunktmäßig im Raum Bremen. Ergänzt wird das Außer-Haus-Angebot durch die Variante „Rent-a-cook". Fast jedes Wochenende ist mein Küchenchef unterwegs, um bei einem Kunden zu Hause für zehn oder 20 Personen auf Restaurant-Niveau zu kochen oder einen Kochkurs zu geben – alles basierend auf handwerklicher Zubereitung von frischen Produkten und garantiert frei von „Convenience".

Monatlich bieten wir Kochkurse an, jedes Mal unter einem anderen Motto: Regionales, Wild, Meeresfrüchte, Italien ... Wir hatten auch schon mal „Steinzeit" als Thema. Den Kurs muss man sich so vorstellen: Wir beginnen am Samstagmorgen

**Dienstags, freitags und samstags ist Markttag in Verden**

> **SCHÖN FINDE ICH, DASS UNSER LANDKREIS IN RICHTUNG NORDOSTEN EIN BISSCHEN WILDER UND WELLIGER IST, DAS IST SCHON EIN VORGESCHMACK AUF DIE LÜNEBURGER HEIDE. ABER ICH TOURE AUCH GERNE DIE ALLER RUNTER NACH RETHEM UND AUF DER ANDEREN SEITE WIEDER ZURÜCK.**

um neun Uhr mit der Zubereitung eines Fünf-Gänge-Menüs. Nach den Vorbereitungen gehen wir an die Endzubereitung des ersten Ganges, der dann im Restaurant verputzt wird, und so weiter. Auf diese Weise kochen und kosten wir den ganzen Vor- und Nachmittag. Der hohen Zahl der „Rückfälligen" nach zu urteilen, gehen die Teilnehmer hochzufrieden nach Hause. Mein Eindruck: Das liegt nicht nur am Alkohol, der zu den Gängen serviert wird.

Wer „la dolce vita" schmecken und erleben möchte, kann mich einmal im Jahr auf meine Weinreise in eine bestimmte Region Italiens begleiten, zum Beispiel nach Sizilien, in die Toskana oder nach Südtirol. Wir besuchen Städte, Restaurants und Weingüter. Fester Programmpunkt ist das gemeinsame Kochen am letzten Reisetag, mit frischen Produkten, die wir zuvor gemeinsam auf einem Markt in der Region eingekauft haben.

Restaurant, Kochkurse und Shop, dazu Catering oder „Rent-a-cook" für das kulinarische Erlebnis in der Firma oder zu Hause: Eine solche Bandbreite könnten wir gar nicht realisieren ohne ein motivierendes Arbeitsklima. Darum mache ich mir ständig Gedanken darüber, wie man Gastronomie und Privatleben unter einen Hut bekommt. Weil wir die Freizeit anderer Leute gestalten, arbeiten wir abends, nachts, am Wochenende. Und wenn jemand von uns einen Partner mit einem Nine-to-five-Job hat, dann geht das natürlich genau konträr. Umso mehr müssen wir nach Lösungen suchen. Wenn also mein Koch seiner Tochter Nachhilfe geben möchte, dann schieben wir die Dienstpläne herum, bis das hinhaut. Das Restaurant hat sieben Tage die Woche geöffnet, aber die Mitarbeiter haben alle eine Fünf-Tage-Woche – ich auch.

Womit wir beim Thema Freizeit wären: Früher bin ich gern gelaufen. Jetzt sind die Knie kaputt, und seit acht Jahren fahre ich stattdessen mit dem Rennrad. Schön finde ich, dass unser Landkreis in Richtung Nordosten ein bisschen wilder und welliger ist, das ist schon ein Vorgeschmack auf die Lüneburger Heide. Aber ich toure auch gerne die Aller runter nach Rethem und auf der anderen Seite wieder zurück.

In jedem Fall bin ich froh über die Flüsse, die wir im Landkreis haben, denn sie prägen die Gegend auf eine sehr angenehme Weise – nicht nur, weil die Aller alle möglichen Regenschauer von hier fernhält. Landschaft, Tiere, Botanik, Klima, Luftfeuchtigkeit, Radwege, Wanderwege, Wassersport: Mit Fluss ist das Leben eindeutig besser als ohne. Vielleicht liegt die Liebe zum Wasser in der Familie: Mein Großvater mütterlicherseits war nämlich Allerschiffer.

Ich habe meine ganze Jugend und Kindheit in Verden verbracht. Damals war man den ganzen Tag draußen – ich hatte das Gefühl, man konnte sich gefahrlos überall aufhalten. Inzwischen ist das ein bisschen anders, aber immer noch sehr behütet – zumindest im Vergleich zu Städten wie Berlin, wo selbst der Schulweg für Kinder kaum alleine zu bewerkstelligen ist. Heute bin ich in Verden sehr verwachsen. Und ich schätze die Tatsache, dass meine Kinder hier aufwachsen können.

**Die Aller gilt als größter Nebenfluss der Weser und ist aufgrund des gemächlichen Tempos auch für Kanufahrer gut geeignet**

LANDKREIS VERDEN – GANZ NAH

*Heideblüte im Naturschutzgebiet Hügelgräberheide bei Kirchlinteln: Die einzigartige Kulturlandschaft aus Wäldern, Feldern, Mooren und Heideflächen lässt sich zu Fuß oder mit dem Fahrrad erkunden (Bild oben). Radlerparadies Landkreis Verden: Auf dem dichten und sehr gut ausgebauten Radwegenetz erschließen sich alle Sehenswürdigkeiten und die naturreiche Region (Bild unten).*

*Henning und Dörte Pertiet*

# Ein Paar, zwei Kunstformen und ganz viel Dom

**Der Musiker und die Malerin – so einfach ist das nicht. Wir teilen nicht nur unser Leben, sondern sind auch künstlerisch zusammengewachsen. Einen großen Teil der Arbeit meistern wir gemeinsam.**

**Dörte Pertiet** geb. 1965 | 1985 Ausbildung zur Einzelhandelskauffrau | nach Zusatzausbildung erste Erfahrungen im Bereich Werbung und Dekoration | 1992 Studium des Grafikdesigns in Hamburg | Angestellte im Bereich Werbung und Kataloggestaltung | seit 2001 Freie Malerin und Illustratorin | Gestaltung von Logo und Design bekannter Marken sowie Illustration der Kaffeedosen der Marke Ogo | künstlerische Leitung der AG Inklusive Kunst im Arbeitskreis Down Syndrom

**Henning Pertiet** geb. 1965 | Ausbildung in der Automobilbranche | 1989 Entdeckung seiner Leidenschaft für das Boogie Woogie-Piano | 1993 bis 1996 festes Mitglied der österreichischen Mojo Blues Band | 1996 Veröffentlichung des ersten Soloalbums | mehrere Deutschland- und Europatourneen | Gründung verschiedener Musikgruppen | seit 2013 Veranstaltung frei improvisierter Orgelkonzerte | 2017 Auszeichnung mit German Blues Award

### Dörte Pertiet

Als ich mit zwölf Jahren das erste Mal nach Verden kam, habe ich mich sofort in die Stadt verliebt: in die Wiesen, in die Pferde und besonders in den Dom. Einen Bezug zu Verden bzw. Verden-Walle hatte ich durch meine Groß- und Urgroßeltern mütterlicherseits, die hier eine Zeit lang lebten. Mein Vater war Offizier bei der Bundeswehr, weswegen wir alle zwei bis drei Jahre umzogen. Kaum hatte man sich irgendwo eingelebt, Freunde gefunden, Sicherheit gewonnen, ging es schon wieder weiter. Diese Erfahrung des Entwurzelt-Seins hat mich von Kindesbeinen an geprägt. Das Malen wurde schnell mein Rettungsanker, meine Zuflucht. Deswegen war ich schon immer Malerin, solange ich denken kann. In Verden blieben wir glücklicherweise länger.

Es dauerte eine ganze Zeit, bis mein Wunsch Wirklichkeit wurde, im weitesten Sinne auch beruflich zu malen. Mit 20 begann ich meine Ausbildung zur Einzelhandelskauffrau im Verdener Bastelstudio (VBS) in der Großen Straße – damals ein kleines Familienunternehmen, wo jeder überall anpacken musste. Das war eine wichtige Station in meinem Leben: Ich wurde Spezialistin für alles Kreative und alle Bastelarbeiten. Damals gab es noch nicht so viele fertige Bastelpackungen. Ich durfte Farben, Pinsel und Untergründe intensiv ausprobieren und hatte so eine gute Grundlage, Fachwissen weiterzugeben. Bei der Gestaltung der Schaufenster bekam ich freie Hand, konnte meine Kreativität voll ausleben. Als sich der Laden in Richtung Onlinehandel entwickelte, schnupperte ich in die Werbeabteilung hinein. Das VBS gab mir zum ersten Mal Kontinuität und Wurzeln. Nachdem ich endlich meiner inneren Stimme folgte und in Hamburg Grafikdesign studierte, konnte ich in den Ferien auch weiterhin bei VBS im Lager jobben. Den Draht zur Stadt und zum Landkreis Verden habe ich nie verloren. Als ich nach meinem Studium zurück nach Verden kam, hatte ich das Glück, direkt gegenüber vom Dom eine Wohnung zu bekommen, in Hörweite der geliebten Krähen. Das hatte für mich eine fast symbolische Bedeutung: Ich war endlich angekommen. Ein Jahr später, mit Anfang 30, habe ich meinen Mann getroffen, und so hat sich die Vorahnung erfüllt. Kurz darauf fiel meine Entscheidung für die Selbstständigkeit. Auf diese Weise bin ich künstlerisch in die Musikwelt hineingerutscht, denn die Eindrücke von Proben und Konzerten meines Mannes und den unterschiedlichen Musikerpersönlichkeiten haben mich mächtig inspiriert. Immer wieder dachte ich: Das möchte ich malen. In dieser Phase entstanden viele Blueswelt-Bilder – Portraits von realen Interpreten, zum Beispiel von Nina Simone, genauso wie von Phantasiemusikern. Später entwickelte ich eine besondere Form der Live-Skizze. Während des Konzertes sitze ich im Dunkeln, nur ausgestattet mit Bleistift, Skizzenpapier und Nagellack. Ich versuche, das Wesentliche der Situation schnell einzufangen. Das macht mir unheimlich Spaß.

Wenn es nicht um Musik geht, male ich gern Tiere: Vor allem Elefanten, denn ich liebe ihre faltige Erscheinung und ihre ruhige Ausstrahlung. Auch Akte gehören zu meiner Motivwelt sowie Obst, Gemüse und die Natur. Da kommt wohl das Erbe meiner Großeltern durch. Bis vor wenigen Jahren habe ich regelmäßig an Kunsthandwerker-Ausstellungen teilgenommen, vor allem mit meinen handgefertigten Spieluhren. Dafür habe ich Spanschachteln bemalt und das Klangwerk hineingesetzt. Für handgemachte Sachen bin ich irgendwie der Typ. Am liebsten arbeite ich mit den Menschen – mit Jung und Alt in der AG Inklusive Kunst des Arbeitskreises Down Syndrom, beim Windlichterbauen im Rahmen des Kinderferienprogramms oder in der Kunst- und Zeichenwerkstatt in der Grundschule am Lönsweg. Das Tolle ist, dass Kinder nicht viel brauchen und einfach loslegen. Das kreative Gestalten hilft ihnen, Konflikte zu lösen. Mir hilft die Aufgabe, auf dem Boden zu bleiben.

**NACH MEINEM STUDIUM HATTE ICH DAS GLÜCK, DIREKT GEGENÜBER VOM DOM EINE WOHNUNG ZU BEKOMMEN. DAS HATTE FÜR MICH EINE FAST SYMBOLISCHE BEDEUTUNG: ICH WAR ENDLICH ANGEKOMMEN.**

## Henning Pertiet

Als ich 12 oder 13 Jahre alt war, bewarb sich mein Vater als Schulleiter ans Gymnasium am Wall in Verden. Er war Doktor der Theologie. Ich dagegen hatte mich der Religion komplett verweigert. Und allem gleich mit, was mit klassischer Musik zu tun hatte. Als Kind sollte ich Klavier und Gitarre lernen. Das hat überhaupt nicht funktioniert. Im Laufe der Zeit habe ich sechs verschiedene Musiklehrer verschlissen. Zuletzt bin ich bei Gerhard von Schwartz gelandet, einem der ehemaligen Verdener Domorganisten. Er war damals Mitte 60 und versuchte, mir irgendwie einen Zugang zur Musik bzw. zum Klavier zu ermöglichen. Leider klappte das damals nicht. Aber ich mochte ihn als Menschen sehr und fand seine Art, seine Arbeit und vor allem seinen Arbeitsplatz an der Orgel sehr beeindruckend. Das ist sicher einer der Gründe, warum ich später eine Beziehung zur Orgel bekommen habe.

Nach der Schule machte ich zunächst eine Ausbildung zum Autokaufmann und schloss versuchsweise ein BWL-Studium an. Mir war im Grunde die ganze Zeit klar, dass es das noch nicht war. Aber eine konkretere Vorstellung von meiner Zukunft hatte ich nicht. Das änderte sich in dem schicksalhaften Moment, als ein Freund zu Besuch kam und eine Boogie-Woogie-Schallplatte von Axel Zwingenberger mitbrachte. Damals war ich 23 Jahre alt und diese Aufnahme eine Art Offenbarung. Ich wusste sofort: Das will ich auch machen! Ich setzte alle Hebel in Bewegung, um einen Termin bei Zwingenberger in Hamburg zu bekommen. Eigentlich hatte er überhaupt keine Lust, sich mit mir zu befassen. Offenbar war ich am Telefon aber so überzeugend, dass er den Eindruck hatte, ich meine es ernst. Unterricht bekam ich keinen, stattdessen hörten wir mehr als zehn Stunden zusammen Musik. Jahre später erzählte er mir, dass er für mich Kassetten mit den Liedern aufnahm, bei denen er meine besondere Berührung oder Interesse spürte. Dann bin ich losgezogen, habe mir ein Klavier bestellt und einfach losgelegt: gehört und ausprobiert und jeden Tag stundenlang geübt. Hilfreich war, dass mein Onkel Gottfried Böttger damals ein angesagter Musiker war, der zum Beispiel im Panikorchester von Udo Lindenberg spielte. Ich knüpfte Kontakte in die Hamburger Musikszene, lernte von meinen Vorbildern und entwickelte meinen persönlichen Stil. Warum der Boogie-Woogie mich so berührt hat? Ich habe keine Ahnung. Und ehrlich gesagt glaube ich auch nicht, dass man so etwas analysieren kann. Fakt ist: Vier Jahre nach der Episode mit der Zwingenberger-Platte stand ich als Profi-Musiker mit einer österreichischen Bluesband auf der Bühne. Wir gaben 200 Konzerte im Jahr. Klingt total verrückt, ist es irgendwie auch. Letztlich war es eines der besten Dinge, was mir im Leben passiert ist!

1997 kam ich zurück nach Verden. Seitdem bin ich überwiegend solistisch als Musiker unterwegs, gerne aber auch zusammen mit Pianisten-Kollegen oder als Begleiter von

Künstlern wie Abi Wallenstein, Louisiana Red und vielen anderen. Ohne meine Frau könnte ich das Geschäft gar nicht schaffen: Sie entwirft Flyer und Plakate, begleitet mich auf Konzerte, kassiert oft den Eintritt und übernimmt den CD-Verkauf. Mit viel Mut und Zuversicht haben wir schon einiges zu zweit durchgestanden. Eine Zeit lang sind wir gerne durch die Gegend gefahren, um Kirchen zu besichtigen. Besonders hatten es uns die Orgeln angetan, wie die berühmte Arp-Schnitger-Orgel in Grasberg. Mit Orgeln kann man sich ewig beschäftigen. Trotzdem war ich bass erstaunt, als mir derselbe Bekannte mit der Boogie-Woogie-Schallplatte eines Tages eine CD mit französischer Orgelmusik von Cesar Franck zukommen ließ. Ich hatte ja keine Ahnung, dass dieses Instrument so klingen kann! Zu der Zeit beschäftigte ich mich gerade mit freier Improvisation. Ich lasse dabei die Musik aus dem Nichts entstehen, lasse zu, was immer auch kommt. Genauso spontan nahm ich Kontakt zu einer Dame in Kirchwalsede auf, die dort gelegentlich Konzerte veranstaltete. Ich fragte, ob ich ihr Instrument einmal spielen durfte. Drei Tage später durfte ich und die Dame buchte mich gleich für ein Konzert, obwohl ich doch bloß hatte probieren wollen.

Der Verdener Dom war schon immer ein Ort, zu dem ich mich hingezogen fühlte. Als Kirchenmusikdirektor Tillmann Benfer mir 2014 erlaubte, dort auf der romantischen Orgel zu improvisieren, ging ein großer Wunsch in Erfüllung. Das war eine fast surreale Erfahrung, fühlte sich an wie im Traum. Und es öffnete mir eine weitere Tür: Ich schickte den Demo-Mittschnitt meiner Probe an eine Plattenfirma für Orgelmusik, die sich begeistert zeigte und mir sofort einen Plattenvertrag inklusive Portrait im Organ-Journal anbot. Seitdem gebe ich in ganz Deutschland Orgelkonzerte, von Flensburg bis südlich von München. Rund 20 sind es im Jahr. Das Tolle ist: Jede Orgel klingt anders, und die Atmosphäre in einer großen Kirche ist ganz anders als in einer kleinen Kapelle. Übrigens war meine Mutter Organistin – wahrscheinlich habe ich schon in ihrem Bauch eine Menge von der Orgelmusik mitbekommen.

Insgesamt habe ich 50 bis 60 Engagements im Jahr, wobei ich gerade diese Mischung aus Orgelkonzerten und Blues- und Boogie-Woogie-Auftritten schätze. Das bedeutet, wir sind ca. 150 Tage im Jahr auf Achse: in Deutschland, Österreich, der Schweiz und Holland. Die Konzerte sind für mich keine Arbeit, sondern pure Entspannung. Im Landkreis spiele ich zehn bis 20 Mal im Jahr. Ob in Oyten, Blender oder Kirchlinteln: Ich glaube, das Publikum vor Ort muss man sich besonders erarbeiten, und das gefällt mir sehr. Über den German Blues Award, den ich 2017 erhalten habe, habe ich mich natürlich gefreut. Hauptsache, die Leute kommen nicht nur deswegen in meine Konzerte. Schließlich mache jetzt seit 30 Jahren Musik – nicht wegen irgendwelcher Preise, sondern weil die Musik mein (und seit 22 Jahren unser) Leben ist.

**DER VERDENER DOM WAR SCHON IMMER EIN ORT, ZU DEM ICH MICH HINGEZOGEN FÜHLTE. ALS KIRCHENMUSIKDIREKTOR TILLMANN BENFER MIR 2014 ERLAUBTE, DORT AUF DER ROMANTISCHEN ORGEL ZU IMPROVISIEREN, GING EIN GROßER WUNSCH IN ERFÜLLUNG.**

Tanz-Flashmob auf dem Rathausplatz Verden im Rahmen der Feier zur Vereinigung von Norder- und Süderstadt

Ein seltener Anblick: Verden im Winter

# Durch und durch ein Achimer Marschenkind

*Annameta Rippich*

**Als Kind trug ich lange Zöpfe und war manchmal sehr unglücklich über meinen altmodischen Namen „Annameta" und die komische Mischung aus Hoch- und Plattdeutsch, die ich sprach. Heute bin ich stolz auf meine ländliche Prägung.**

**Annameta Rippich** geb. Bischof, geb. 1949 in Achim, verheiratet, zwei Kinder | nach Lehre in einem Achimer Industrieunternehmen einjähriges Volontärjahr im Hotel „Grüner Jäger" in Verden | 1968 bis 1971 kaufmännische Angestellte in einem Unternehmen in Thedinghausen | 1971 Heirat mit dem Landwirt Dieter Wilkens | bis 1991 aktive Bäuerin | nach dem Tod des Ehemanns 1990 bis 1996 als kaufmännische Angestellte tätig | 1995 Heirat mit dem Politiker Christoph Rippich | 2006 Wahl in den Verdener Kreistag und 2016 in den Achimer Stadtrat | seit ca. 50 Jahren Mitglied im LandFrauenverein Achim, hier 20 Jahre Vorsitzende und 18 Jahre Vorsitzende des Kreisverbandes Verden | 2004 Mitinitiatorin des Projekts „Kochen mit Kindern" des Niedersächsischen LandFrauenverbandes an den Grundschulen im Landkreis Verden | 2017 Auszeichnung mit der „Silbernen Biene mit Niedersachsenwappen" durch den Nieders. LandFrauenverband Hannover e. V. | seit 2013 berufendes Mitglied in den Zentralausschuss der Albrecht-Thaer-Gesellschaft, Celle | 2015 Gründungsmitglied des Fördervereins „NEUA" e. V. in Verden, bis heute Vorsitzende

Ik bün'n Noorddüütsche Deern. Eenmaal Noorddüütsch juemmers Noorddüütsch: Ik leev miene Heimat, de Lüd, de Werser un de Masch mit eern Knicks. Als Achimer Mädchen geboren, wuchs ich auf einem kleinen landwirtschaftlichen Betrieb mit Schankwirtschaft auf. Heute ist das Hirtenhaus „Marsch Anna" ein Ausflugslokal mit Biergarten. Früher hatten meine Eltern und Oma auch die Fährmannskonzession für das schwere Ruderboot aus Holz. Wenn vom gegenüberliegenden linken Weserufer aus der Zuruf „Hol över" kam, stieg jemand ins Boot, um den Fahrgast überzusetzen – und umgekehrt. Rund eine Viertelstunde dauerte so eine Überfahrt.

Mit diesem Ruderboot wurden wir Kinder zum Spielen mit den Nachbarskindern auf die andere Weserseite gebracht und wiedergeholt. Für mich gab es nichts Schöneres, als draußen im Grünen herumzustromern. Wenn meine Eltern es erlaubten, durfte ich in den heißen Sommermonaten in die Badeanstalt an der Weser. Nur mit Erlaubnis der Eltern? Ja, denn jedes Jahr gab es schlimme Badeunfälle in der Weser, die oft mit dem Tod endeten. Strömung, Weidedraht und Schiffsschrauben waren eine ständige Gefahr.

Respekt, Verständnis und Ehrlichkeit: Das sind Werte, die ich mit der Muttermilch aufgesogen habe. Neben meinen Eltern und den zwei Geschwistern war auch Oma immer für mich da. Langeweile war in unserem Haushalt ein Fremdwort. Dadurch, dass meine Eltern selbstständig waren, musste ich an den schulfreien Tagen in der Landwirtschaft oder in der Gastwirtschaft mit anpacken. Damals trug ich lange Zöpfe und war manchmal sehr unglücklich über meinen altmodischen Namen „Annameta" und die komische Mischung aus Hoch- und Plattdeutsch, die ich sprach. Eigentlich wollten unsere Eltern uns das gute Hochdeutsch beibringen, aber es setzte sich nicht richtig durch. Das

*Die Eyter in Thedinghausen (Bild oben). Das Rathaus in Thedinghausen (Bild u. l.). Skulptur von den Thedinghauser Kunsttagen (Künstler Wladimir Rudolf): Das Kunstwerk fügt sich harmonisch in die naturnahe Auenlandschaft der Eyter ein (Bild u. r.).*

# Übersicht der PR-Bildbeiträge

Wir danken den folgenden Unternehmen und Einrichtungen, die mit ihren Beiträgen das Zustandekommen dieses Buches ermöglicht haben.

| | |
|---|---|
| **AfA Agentur für Arbeitsvermittlung GmbH** 13<br>www.afaverden.de | **Hannoveraner Verband e.V.** 65<br>www.hannoveraner.com |
| **Getränke Ahlers GmbH** 22 - 23<br>www.ahlersgetraenke.de | **Hydro Extrusion Deutschland GmbH** 56 - 57<br>www.hydro.com |
| **Verden-Walsroder Eisenbahn GmbH/ Verdener Verkehrsgesellschaft mbH** 34<br>www.allerbus.de | **Versandhaus Jungborn GmbH** 89<br>www.jungborn.de |
| **Aller-Weser-Klinik gGmbH** 24 - 25<br>www.aller-weser-klinik.de | **Kreissparkasse Verden** 58 - 59<br>www.ksk-verden.de |
| **Günter Badenhop Fleischwerke KG** 71<br>www.badenhop.de | **Wertstoffbetrieb Bernd Löbl e. K.** 99 |
| **BerlinDruck GmbH + Co KG** 35<br>www.berlindruck.de | **Matthäi Bauunternehmen GmbH & Co. KG** 60 - 61<br>www.matthaei.de |
| **BLOCK Transformatoren-Elektronik GmbH** 51<br>www.block.eu | **POLO Filter-Technik Bremen GmbH** 103<br>www.polo-filter.com |
| **DESMA Schuhmaschinen GmbH** 55<br>www.desma.de | **PS Laser GmbH & Co. KG** 90 - 91<br>www.ps-laser.de |
| **Dittmers GmbH** 26 - 27 | **Stadtwerke Achim AG** 107<br>www.stadtwerke-achim.de |
| **dodenhof Posthausen KG** 36 - 37<br>www.dodenhof.de | **Verdener Keks- und Waffelfabrik Hans Freitag GmbH & Co. KG** 92 - 93<br>www.hans-freitag.de |
| **Focke & Co. (GmbH & Co. KG)** 38 - 39<br>www.focke.com | **VEMAG Maschinenbau GmbH** 94 - 95<br>www.vemag.de |